W0339723

IDEAL Verlag
Gampenstraße 97
I-39012 Meran
Tel. +39 0473 491000
Fax +39 0473 491001
www.idealit.com, info@idealit.com

in Zusammenarbeit mit der
Verlagsanstalt ATHESIA AG, Bozen

Gesamte Realisierung: IDEAL GmbH

WILD
Jagd in den Alpen

Konzept und Gesamtleitung
Johann Waldner, Ingeborg Lanthaler

Experten- / Projekt- / Arbeitsgruppe
Alfons Heidegger, Martin Merker, Wolfgang Schröder, Franco Perco, Reinhold Staffler, Oskar Niederfriniger, Markus Lanthaler, Ulrike Raffl, Johann Waldner, Ingeborg Lanthaler

Texte
Wolfgang Schröder *(WS)*, Martin Merker *(MM)*, Franco Perco *(FP)*, Marco Giacometti *(MG)*, Paolo Molinari *(PM)*, Oskar Niederfriniger *(ON)*, Stefan Tschenett *(ST)*, Ingeborg Lanthaler *(IL)*

Lektorat
Reinhold Staffler, Stefan Tschenett, Ingeborg Lanthaler

Fotografie
Titelbild: Martin Merker
Bildnachweis Seite 223 / 224

Grafik und Druckvorbereitung
Johann Waldner, Peter Prünster

© November 2008, IDEAL GmbH
Alle Rechte vorbehalten

ISBN 978-88-8266-522-7

Eindrücke

Nachhaltig und sinnvoll leben heißt, Verantwortung für Mensch und Natur zu übernehmen. Die Natur als auch die Jagd ist in vielfacher Hinsicht ein Teil unseres Lebens. Zum einen als Waidfrau, die versucht, den Respekt vor der Schöpfung und die Demut vor Lebewesen im Spannungsfeld weidmännischen Handelns umzusetzen. Zum anderen ist das Wunder Natur und die Faszination Wild begehrtes Ziel für leidenschaftliche Natur- und Wildfotografie. Deshalb haben wir uns entschlossen, ein Jagdbuch in drei Bänden herauszugeben. Darin sollen die vielfältigen und oft gegensätzlichen Ansichten, Erwartungen und Erkenntnisse zu Lebensraum, Wild, Mensch und Jagd in oft unkonventioneller Weise und aus einer Art „Vogelperspektive“ dargestellt werden.

Wir hoffen und wünschen, dass es uns gelingt, JägerInnen, Naturfreunde und Interessierte zu motivieren, die engen Zusammenhänge von Kultur und Jagd zu reflektieren und einen erlebnisreichen und wertvollen Zugang zu Natur und Wild zu finden.

Wir widmen dieses Buch in Dankbarkeit
unseren Vätern Johann Lanthaler und Johann Waldner,
die uns die Achtung vor der Natur und die Bewunderung für Wildtiere vermittelt haben.

WILD
Entdeckungsreise

Ein Buch ist immer eine Entdeckungsreise. Nach innen oder nach außen. Im besten Fall beides. Das Buch „Jagd in den Alpen“ hat den Stoff für eine fantastische Lernexpedition zu Natur, Wild, Lebensraum und Mensch. Mit diesen vier Bausteinen arbeitet das Buch. Genügend Zündstoff und Konfliktpotenzial, um die Dramaturgie der Leseart in eine bestimmte Richtung zu lenken. Dominiert der Naturrechtsgedanke? Wird Stellung bezogen für die Würde des Tieres, oder überzeugt die Argumentationsreihe zur Legitimation der Jagd? Der Tenor des Buches bleibt neutral. Es wird zur Wanderkarte für ein Gebiet, in dem es ungeahnte wertevolle Schätze zu entdecken gibt. Das Ziel der Entdeckungs- und Gedankenreise darf sich jeder selber wählen. Natur- und Tierliebhaber werden im Bildband eine Fülle beeindruckender Portraits entdecken, die manch „wilden“ Lebensraumgenossen in neuem Licht erscheinen lassen. Waidmänner und -frauen werden ihr Ethos der Verhältnismäßigkeit reflektieren können und JägerInnen gute Ansatzpunkte für eine Neudefinition der Jagd erkennen. Interessierte LeserInnen, denen das weite Feld des äußerst sensiblen Stoffes von Lebensraum-Wild-Mensch bislang unerschlossen geblieben ist, entdecken darin einen neuen Kulturschauplatz, der Gesprächs- und Denkstoff für Generationen bietet. Das Buch soll zum Nachdenken anregen, zum Gespräch verleiten; vor allem aber soll es den Gleichklang der Würde von Natur-Wild-Mensch in eine Melodie verwandeln, die jeden bewegt. *(ST)*

Wechselwirkung

Ohne Wild kein Jäger – Kein Wild ohne Jagd: Wollen Jäger Beute machen, sind sie auf Wildvorkommen angewiesen. Das leuchtet ein. Bringt uns aber nicht weiter, wenn es darum geht, die Notwendigkeit der Jagd zu begründen. Weniger einfach zu erklären ist die Ansicht, Jäger seien eine Voraussetzung für das Vorkommen von Wildtieren in unserer Kulturlandschaft. Zwar ist es so, dass Jäger das Wild hegen und sie sich für den Schutz und die Pflege ihrer Lebensräume einsetzen. Wirklich mit Leidenschaft tun sie es aber nur für bestimmte Arten ... das kommt wenigstens so rüber. Andere, etwa Großraubtiere, werden von den Jägern eher links liegen gelassen. Die Öffentlichkeit ist heute aber für ganz bestimmte Wildtiere sensibilisiert. Die Marketingspezialisten des Naturschutzes bezeichnen diese Arten als Flagship-Spezies, es sind die Stars der Tierwelt. Die Leute fragen sich also etwa, was die Jägerinnen und Jäger etwa für Luchs, Wolf und Bär tun, wie sie sich für Bartgeier und Biber einsetzen. Wie können wir Jäger darauf antworten? Wir müssen sagen, dass wir uns für die Artenvielfalt einsetzen. Nicht für einzelne besonders attraktive Arten, sondern für die gesamte Tiergemeinschaft. Zu dieser gehören in unserer dicht besiedelten und genutzten Landschaft Gewinner und Verlierer. Es ist insbesondere wichtig, sich um die Verlierer unter den Wildtieren zu kümmern. Für jene Tiere, für die wegen der zerstörten Lebensräume oder des gestörten Beutetier-Raubtier-Verhältnisses kein Dasein möglich ist. Um diesen Tieren zu helfen ist ein Ausgleich, eine Regulierung nötig. Sonst nehmen bestimmte Arten überhand. Die Jägerschaft will Verantwortung tragen für das gesamte Ökosystem. Artenvielfalt ist aber nur durch Nutzung und Ausgleich möglich. Durch Pflege und Regulierung, nicht durch Verbote. Mit dieser Argumentation können wir nebenbei auch jene Jagdformen begründen, bei denen es nicht darum geht, Wildschäden zu verhüten. Jene Jagdformen, die nicht nötig, jedoch sinnvoll sind. Dies ist, so glaube ich, eine glaubwürdige Art der Argumentation. *(MG)*

Dr. Luis Durnwalder, Landeshauptmann von Südtirol

NATURGUT WILD

Die Weltstrategie des Naturschutzes sieht mit Recht in der nachhaltigen Nutzung wild nachwachsender Pflanzen und frei lebender Tiere eine Gewähr für deren Erhaltung.
Jagd in der mitteleuropäischen Tradition gilt dabei als gutes Beispiel von schonender Nutzung des Naturgutes Wild; mit dieser historisch entstandenen Jagdauffassung ist nämlich die Hege eng verbunden. Letztere beinhaltet dabei bekanntlich auch den Biotopschutz, sichert somit die Lebensgrundlage des Wildes. Ähnlich wie im Tierreich, wo die Räuber-Beute-Beziehung das ökologische Gleichgewicht erhält, sind also auch positive Wechselbeziehungen zwischen der Jagd und dem gejagten Wild gegeben.

Prof. Dr. Jürgen Vocke, MdL, Präsident des Landesjagdverbandes Bayern

UNAUFKÜNDBARE EINHEIT

Das verantwortungsvolle Ehrenamt, das Tag für Tag von den Jägerinnen und Jägern gelebt wird, zeigt, was die Jagd heute bedeutet: Sie ist Heimat und Tradition, sie ist Kulturgut und Bürgerengagement, sie dient den Grundeigentümern und der Natur. Im Spannungsverhältnis der Forderungen nach immer höheren Abschussquoten und nach der totalen Abschaffung der Jagd setzen wir Jäger uns unbeirrt für das Wild ein. Wild und Jagd – das ist eine unaufkündbare Einheit. Nutzen und schützen sind dabei keine Gegensätze! Wenn wir für den Erhalt und die Schaffung von artgerechten Wildlebensräumen sorgen und zugleich den natürlichen Wildbestand sinnvoll nutzen, dann betreiben wir einen bodenständigen Naturschutz, der auch zukünftigen Generationen dient.

Karl Berktold, Landesjägermeister des Tiroler Jägerverbandes

VORAUSSETZUNG RESPEKT

Alpiner Lebensraum ist geprägt durch abwechslungsreiche Landschaftsformen, durch artenreiche Wildtierbestände, eine faszinierende Pflanzenwelt und durch die vom Menschen geprägte Kulturlandschaft. Zentrale Bedeutung besitzt dabei die Symbiose von Tier- und Pflanzenwelt und die Eingriffe des Menschen. Der Respekt vor den jeweiligen Besonderheiten ist die Voraussetzung für ein verträgliches Miteinander. Viele äußeren Einflüsse engen die Lebensräume unseres Wildes in einem vom Menschen geprägten Umfeld immer mehr ein. Der Schutz der eigenen Interessen erfordert oft den regelnden Eingriff durch eine gezielte Bejagung. Verantwortungsvolle Jagdausübung spielt in diesen Lebensraum-Synergien eine entscheidende Rolle. Längst haben Fachleute erkannt, dass vorrangig die Jägerinnen und Jäger die Garanten für Artenreichtum und Gesundheit unseres Wildes und nachhaltige Lebensraumgestaltung sind.

Klaus Stocker, Landesjägermeister von Südtirol

SCHUTZ UND NUTZUNG

Es ist ein grundeigenes Anliegen der Jägerschaft, für Wildbestände Sorge zu tragen, weil sie diese Wildbestände dann auch nutzen können. Schutz und Nutzung widersprechen sich nicht; sie ergänzen und bedingen sich. Das ist eine Botschaft, die mehr und mehr Anerkennung findet. Dass erst durch die Jagd das Wild in seinem Vorkommen gesichert ist, trifft für viele Realitäten zu. Überall dort, wo die ursprüngliche Naturlandschaft vom Menschen geprägt wurde, bedarf es auch des menschlichen Zutuns, um die Vielfalt des Lebens zu bewahren. Der Jäger wirkt in der Kulturlandschaft als Anwalt für das Wild. Er sichert dessen Lebensgrundlagen und ist ein unersetzbarer Experte für die Ansprüche der Wildtiere. Eine disziplinierte Jagd ist der beste Schutz für das Wild. Deshalb stehe ich dafür, dass der Jägerschaft die Obsorge um das Wild anvertraut bleibt und bürge auch dafür, dass dem Wild dadurch am besten gedient ist.

Renato De Menech, Landesjägermeister von Belluno

MEHR ALS LEIDENSCHAFT

Moderne Jagd umfasst die ständige Überwachung des Wildbestandes und seines Gesundheitszustandes, die Pflege der Umwelt und Wiederherstellung von Biotopen, das Wiederbesetzen oder Wiedereinführen, Zählungen und Planung der Entnahmen, Kontrolle der zulässigen Räuber, Untersuchung der Menge und Güte der erlegten Tiere, Eindämmung von Epidemien bis hin zur Abwicklung der schwierigen und häufig problematischen Beziehungen mit der übrigen Zivilgesellschaft. Diese hat zumeist keine Ahnung vom Bemühen der Jäger, oder, noch schlimmer, sie steht ihnen als ideologischer Feind gegenüber. Ist die Jagd auch eine private Leidenschaft, so bringt sie doch einen allgemeinem Nutzen, weil sie zur Verringerung der Wald- und Flurschäden, zum Rückgang der durch Wildtiere verursachten Unfälle und vor allem zu besseren Lebensbedingungen für das Wild selbst beiträgt.

Sandro Flaim, Landesjägermeister von Trient

ERPROBTE REGULIERUNG

Die Jagd ist Schlusspunkt eines langen Erkenntnisprozesses, den der alpine Jäger im Verlauf des gesamten Jahres durchläuft und der von ihm fachliche Qualifizierung und gute Kenntnisse der Biologie und Ethologie der Wildtierarten voraussetzt. Die Jagd setzt die Verwendung von Instrumenten für die räumliche und zeitliche Programmierung und Planung, das Hinzuziehen von Fachleuten und die Unterstützung von Forschungsinstituten voraus. Seit Jahrzehnten in verschiedenen Regionen des Alpenraums erprobte Regulierungstechniken sind noch verbesserungsbedürftig. Verfahrensweisen, die kontinuierlich implementiert werden müssen, ohne dass man jemals etwas als gegeben und/oder gesichert voraussetzt, angesichts des ständigen und raschen Wandels, dem die alpine Landschaft seit Jahrzehnten unterworfen ist, mit der Entvölkerung weiter Gebiete, was zu wesentlichen Veränderungen in den Habitaten der verschiedenen Arten führt.

Prof. Dr. Wolfgang Schröder, Center for Life Sciences, TU München

LEBENSRAUM SCHWINDET

Jahrhundertelang haben Menschen die Alpen genutzt und verändert, dabei die Vielfalt der Lebensräume, der Pflanzen und Tiere erhöht. Nur Großraubwild und begehrtes Jagdwild, wie Steinbock oder Rothirsch, wurden durch direkte Nachstellung lokal oder ganz ausgerottet. Heute ist es umgekehrt: Jagd und Schutz aller Arten ist geregelt, doch die Lebensraumqualität nimmt durch Siedlung, Verkehr und das Verschwinden der alten Landwirtschaft ab.

Franco Perco, Ehrenpräsident der AIGF (Italienische Gesellschaft für Wildhege)

KEIN BERGVOLK OHNE JAGD

Die Notwendigkeit der Jagd kann nur auf wenige Wildarten als verpflichtender Grundsatz angewandt werden. Hirsch, Wildschwein, vielleicht noch der Wolf müssen durch jagdliche Eingriffe reguliert werden. Für alle anderen Wildtiere vom Bären bis zum Hasen scheinen natürliche Ausleseverfahren den Bestand im Gleichgewicht zu halten. Würde man allerdings ganz auf die Jagd verzichten, müsste man auch bereit sein, sich plötzlich mit ganz neuen Lebensraumsituationen auseinander zu setzen. In einigen Fällen könnten sich diese komplex und schwierig gestalten. Das kann gewiss kein ethisches Plädoyer zur Legitimation der Jagd sein, obwohl die Jagd nicht nur im Alpenraum kulturhistorisch von größter Bedeutung war und ist; sowohl für die Gesellschaft als auch für das Individuum. Salopp könnte man also sagen: Es gibt keine Jagd ohne Bergvolk, aber es gibt Bergbewohner, die nicht jagen.

Alfons Heidegger, Jägerprüfungskommissar, Südtirol

ETHIK DER JAGD

Das Leben besteht aus Wechselwirkungen. Die Jagd ist in unserem Kultur- und Lebensraum ein wesentlicher Bestandteil und steht deshalb in einem komplizierten sozialen und ökologischen Geflecht. Das Ansehen der Jagd und die Achtung der Tiere hängen ab vom Ethos der Waidmannschaft. Was für viele selbstverständlich – ist für andere fragwürdig. Wenn etwas „frag-würdig" ist, heißt es, sich Gedanken zu machen über Sinn und Bedeutung – in unserem Fall über die Jagd. Könnte das eine Überlegung sein, den Stellenwert von Natur, Wild, Jagd in geänderten gesellschaftlichen Strukturen neu zu definieren?

Dr. Wolfgang Platter, Leiter des Nationalparks Stilfserjoch

JAGD IM NATIONALPARK?

Die Jagd ist im Nationalpark per Gesetz verboten. Nur in eng definierten Sonderfällen ist eine Regulierung bestimmter Wildtierarten erlaubt. Und nirgends polarisiert die Regulierung von Tierarten so stark wie in Schutzgebieten. Jäger fordern ihr Recht auf Jagd als landeskulturelle Tradition auch für den Nationalpark ein. Exponenten von Arten- und Naturschutzorganisationen beharren vehement auf dem Vorrang für die Tiere gerade und eben besonders in den Nationalparken. Wo die natürliche Nahrungskette zwischen Pflanzenfressern und Fleischfressern auch in einem Schutzgebiet nicht mehr gegeben ist, bedarf es zum Erhalt des Gleichgewichtes zwischen verfügbarem Lebensraum und autochthonen Tierarten wie etwa den großen Huftieren der Regulierung durch den Menschen. Dass dabei in Nationalparken als Schutzgebieten der höchsten Kategorie nur auf der Basis von wissenschaftlich einwandfreien Untersuchungen und Fakten vorgegangen werden kann und nach anderen Regeln als bei der Trophäenjagd vorgegangen werden muss, ist im institutionellen Auftrag der Schutzgebiete als Orte für den Erhalt der Biodiversität verankert.

Dr. Heinrich Erhard, Amtsdirektor, Amt für Jagd und Fischerei Südtirol

WILDBAHN OHNE JAGD ÄRMER

Nur was man kennt, wird auch geschätzt. Weidmänner zählen zu den besten Kennern des Wildes und sind deshalb dessen Anwalt beim Lebensraumschutz, der allen freilebenden Tieren zutgute kommt. Daneben liegt es im Interesse der Jäger, die Wildbestände nach dem Motto „Der Jäger nutzt das Wild und nützt dem Wild" gesund zu erhalten und dadurch längerfristig gegen Krankheitsausfälle zu sichern. Aber auch an Wiedereinbürgerungen wie jenen des Steinbocks war die Jägerschaft maßgeblich beteiligt. Man darf deshalb behaupten, dass es ohne Wild keine Jagd geben kann, dass aber ohne Jagd unsere Wildbahn um manches ärmer wäre.

Wild in der Eiszeit

Weinbauer Georg Menz fand einst ein etwa 8.000 Jahre altes Elchgeweih auf der Mendel hoch über Kaltern in Südtirol. Heute stocken dort dunkle Wälder. Bilder von Elchlandschaften gehen einem durch den Kopf, wie man sie aus den Bergen Kanadas kennt, unweit der Gletscher. Ähnlich muss es damals auch auf der Mendel ausgesehen haben: eine offene Landschaft mit Weidengestrüpp, vereinzelte Kiefern und Birken. In den Alpen wehte damals noch ein Hauch von Kaltzeit. Etwas weiter zurück, vor 20.000 Jahren, lebten gar keine Tiere in den Alpen. Ein mächtiger Eisschild lag auf den Bergen, Gletscherströme füllten die Täler, Inntal- und Etschtalgletscher schoben ihre Zungen weit in das Vorland hinaus. Über den späteren Standorten von Innsbruck, Bozen, Trient oder Salzburg türmte sich Gletschereis, Hunderte von Metern dick. Lediglich die höchsten Bergspitzen ragten aus dem Eis, blanke Felsen ohne Vegetation.

Ein noch viel größerer Eisschild bedeckte Skandinavien und England und schob sich nach Süden bis in das heutige Deutschland vor. Man könnte meinen, dies war eine extrem lebensfeindliche Welt, doch weit gefehlt. Am spektakulärsten war die Tierwelt der Mammutsteppe, jenem baumlosen Band zwischen Alpeneis und dem Eisschild des Nordens, welches sich quer durch Europa und Asien über die Beringstraße hinweg durch Nordamerika erstreckte, rund um den Erdball. In Mitteleuropa lebten in dieser Kaltsteppe das Mammut, Wollnashorn, Wildpferd, Riesenhirsch, Steppenbison und Rothirsch. Die heutigen Alpentiere Steinbock und Gämse hielten sich in der Mammutsteppe an die Felsen der nicht vereisten Mittelgebirge. Es ist für uns ungewohnt, diese Bergtiere in Gesellschaft von heute ausgestorbenen Großtieren zu wissen, oder in der Nachbarschaft zu den Tieren des Nordens, Rentier und Moschusochse, oder gar zu einem Steppentier des Ostens, der Saigaantilope. Sie alle lebten in Mitteleuropa.

Die Mammutsteppe war ein Paradies im Sommer. Pflanzen wuchsen so reichlich, dass Mammut, Wisent oder Wollnashorn üppig zu fressen fanden. Anders als heute garantierten wochenlange Hochdrucklagen einen wolkenlosen Himmel mit hoher Sonneneinstrahlung. Der Winter hingegen war bitterkalt, die Temperaturen fielen schon einmal auf - 50 Grad.

Südlich der Alpen war das Klima milder, es wuchsen auch Wälder. Dort lebten Waldelefant, Wildschwein, Reh, Damhirsch, Elch, Auerochse, sogar ein Flusspferd.

Herausstechendes Merkmal des seit zwei Millionen Jahren andauernden Eiszeitalters ist nicht das Eis, vielmehr ist es die häufige Schwankung des Klimas: lange Kälteperioden sind unterbrochen von kürzeren Warmphasen, in denen Gletscher abschmelzen, der Wald vorrückt bis zur nächsten Trendumkehr. Wir kennen die Alpen heute nur als leeres Gerippe mit Eisresten, sie gleichen einer Eierschachtel ohne Inhalt. Die meiste Zeit waren die Alpen prallvoll mit Eis. Auch die Tierwelt kennt das Wechselbad: In Warmzeiten breiten sich Waldelefant, Reh, Wildschwein, Auerochs mit dem Wald aus, Arten der Mammutsteppe erlöschen, sie überleben in Osteuropa und Sibirien, um von dort mit der nächsten Kaltzeit wieder vorzurücken. Mit jedem Klimawechsel kamen und gingen auch die Alpentiere. Raubtiere sind vom Auf und Ab des Klimas nicht so getrieben. Für Wolf, Höhlenlöwe, Luchs und Höhlenhyäne ist das Vorkommen von Beutetieren wichtiger als eine besondere Vegetation.

Am 23. September 1987 entdeckte Willy Costamoling beim Mineraliensuchen in den Dolomiten eine Höhle, in der er Knochen und Schädel von Höhlenbären fand. Die Conturineshöhle liegt fast 2.800 m hoch, weit über der Waldgrenze über einem steilen Kar am Fuße einer Felswand. Als sich die Höhlenbären vor 50.000 bis 35.000 Jahren in diese Höhle zum Winterschlaf zurückgezogen haben, sah die Landschaft völlig anders aus als heute: nicht so steil – erst später räumten Gletscher das Tal aus. Die Vegetation war üppig, die Waldgrenze 600 m höher. Damals war das Klima deutlich wärmer als heute – ein Wärmeschub mitten in der Würmeiszeit. Zur Zeit der Dolomiten–Höhlenbären gab es in den Alpen keine Gletscher mehr. *(WS)*

Die Alpen

Die Alpen ragen in jeder Hinsicht aus dem Umland heraus, nicht nur durch ihre Höhe. Hier drängt sich verblüffendes Mosaik von Landschaften und Lebensräumen, sodass die biologische Vielfalt Spitzenwerte erreicht: allein an die 30.000 Tierarten, die meisten davon Insekten, viele Endemiten – Tiere, die nur in den Alpen leben. Die Alpen sind auch ein wichtiger Wirtschafts- und Erholungsraum, sie sind eines der am dichtesten besiedelten Hochgebirge der Welt und dennoch sind sie der größte naturnahe Lebensraum Mitteleuropas. Anders als in vielen Gebirgen Zentralasiens regnet es ausreichend, sodass Wälder und in den alpinen Regionen saftige Rasen gedeihen, eine Basis für viele Wildtiere. Den Talräumen hat der Mensch den stärksten Stempel aufgedrückt. Inntal, Etschtal, Aostatal oder Wallis haben die einstigen Auen und Schilfflächen verloren, vor allem die Wildflusslandschaften, jenes Netzwerk von Wasseradern, das bei Hochwasser das Geschiebe zu einem neuen Gesamtbild umlagerte. Einen Geschmack davon finden wir noch am Tagliamento und am Lech. Einst lebten hier Biber und Wildschwein, Rothirsch und Wolf, von den Wasservögeln ganz zu schweigen. Die klassische Postkarte in den Alpen zeigt ein reizvolles Miteinander von Natur und Kultur, typisch für die bäuerlich geprägte alpine Landschaft. Über die Jahrtausende haben die Bauern den Wald aufgebrochen, um Almen, Wiesen und Felder zu schaffen. Mancher neugeschaffene Lebensraum ist etwas Besonderes: Lärchenwiesen sind eine Art Savanne von Menschenhand, angelegt im Wald, in dem zarter Halbschatten auch im Sommer die Weiden frischhält. Von dieser Landschaft haben Wildtiere profitiert. Das gilt für Schmetterling und Feldlerche, Murmeltier und Birkhuhn, Hase oder Hirsch. Das Mosaik an Lebensräumen ist größer als einst in der Naturlandschaft. Nahezu die Hälfte der Alpen ist mit Wald bedeckt. Zwar haben Holznutzung und Waldweide die Zusammensetzung der Wälder verändert, doch nicht ihren Wert als Lebensraum. Von den Tieren des Waldes ist keines verlorengegangen. *(WS)*

LEBENS
RAUM

Gefährdetes Paradies

Der Mensch hat sich selbst aus dem Paradies katapultiert. Jetzt ist er dicht daran, seine Lebensgrundlagen zu zerstören. Und mit ihm jene des Wildes. Und was kümmert es die Natur? Eigentlich nichts, denn sie reguliert sich nach ihren eigenen Gesetzen. Aber wenn der Mensch den Globus für weitere Generationen als Partner behalten will, wird er einiges in seinem Verhalten überdenken müssen. Dazu gehört auch der Umgang mit Wildtieren und Wildpflanzen. Die ausschließlich anthropogenen Nutzungsinteressen müssen im Hinblick auf die Erhaltung des all umfassenden Lebensraumes überdacht werden. Die Ansprüche des Menschen an Natur und Landschaft sind unersättlich. Die Intensität und Rücksichtslosigkeit stören und zerstören das sensible Gleichgewicht des eigenen Ökosystems und jenes der Wildtiere. Die Eingriffe des Menschen haben die Vielfalt der verfügbaren Lebensräume für Wildtiere enorm verringert. Das hat zu einem kontinuierlichen Abbau der Zahl der bejagten Wildarten geführt. Gleichzeitig nahm der Bestand einzelner Arten allerdings zu. Rot-, Reh- oder Gamswild gehören dazu. *(ST)*

WILD

Umkämpfter Lebensraum

DIE GRUNDLAGE ALLEN LEBENS

Freie, grasige Flächen gehören zu den Lieblingsorten für genussvolles Äsen. Denn die auf Licht durchfluteten Freiflächen gewachsene Nahrung schmeckt einfach besser. Eigentlich ist das Schalenwild tagaktiv. Trotzdem verstecken sich Hirsche, Rehe, Gämsen wie Partisanen in den heimischen Wäldern. Das steht keineswegs im Widerspruch zu den begehrten Einstandsgebieten im dichten Wald. Aber wer die Knappheit wertvoller landwirtschaftlicher Kulturflächen versteht, kann nachvollziehen, dass das Wild durch Bejagung und Vertreibung von offenen Flächen eliminiert wurde. Zugleich hat die Lernfähigkeit des Wildes auch das Verhalten antizipiert, sich im Wald zu verstecken, um einigermaßen geschützt zu sein.

WILDER MENSCH

Die Omnipräsenz des Menschen drängt das Wild auf finstere, unzugängliche Flächen zurück. Die lebensnotwendige Beziehung zwischen Wald, Wild und Jagd wird von einer Reihe menschlicher Eingriffe und Aktivitäten belastet. Zerstückelung der Lebensräume durch Straßen, Skipisten, Wanderpfade und Flussbegradigungen, Bodennutzungsänderungen, sich wandelnde Bewirtschaftungsformen in Forst- und Landwirtschaft führen zur bedrohlichen Zersplitterung des Lebensraumes. Wo findet das Wild noch ein ungestörtes Refugium? Nationalparks, Schutzgebiete, Domänen sollen Nischen schaffen, in denen Wildtiere ihre natürlichen Lebensräume wieder erkennen. Allein in Südtirol gibt es 9 Naturparke, 40 Schutzgebiete von gemeinschaftlicher Bedeutung und 17 besondere Vogelschutzgebiete. Die EU bemüht sich scheinbar in eigenen Erlassen und Richtlinien um den Erhalt der Vielfalt (Vogelrichtlinie, Natura 2000 u. a. m.). Ob es allerdings nicht sinnvoller wäre, anstelle von landwirtschaftlichen Stilllegungsfläche neue, lebens- und nahrungsfreundlich gestaltete Lebensmittelpunktflächen für Wildtiere zu fordern und die Bestimmungen jagdbarer Wildarten an örtliche Gegebenheiten anzupassen, darf gefragt werden?
Der richtige, problemlösungsorientierte Umgang mit der Thematik Lebensraum für Wild und Mensch braucht die aktive Zusammenarbeit von Jägern, Förstern, Landwirten und das Verständnis und die Toleranz aller anderen Wildlebensraum beanspruchenden Menschen. Nutzen und schonen dürfen sich nicht im Wege stehen, sondern müssen sich sinnvoll ergänzen. Kapitel darüber sind bereits im Neuen Testament nachzulesen.

KALTSTART IM WINTER

Als Beispiel für Respekt und Einfühlungsvermögen nicht an der Jagd beteiligter Menschen, sei hier die nächtliche Schneeschuhwanderung angeführt. Im Winter muss das Wild mit seinen Ressourcen sparsam und genügsam umgehen, um einigermaßen fit überwintern zu können. Ein in einer kalten Winternacht aufgescheuchtes Reh, das zur Flucht ansetzen muss, verbraucht abgesehen von dem schmerzenden „Kaltstart" überproportional viele Reserven, um die notwendige Intimdistanz zu erreichen, in der es sich wieder in Sicherheit wiegt. Die Organisation von Wild, Wald und Jagd im Sinne der Biodiversität bedeutet integrales und synergetisches Verwalten der Wildtiere und ihrer Lebensräume im Interesse der Menschen, wobei weder dem Jäger, dem Förster, dem Landwirt oder Naturschützer der Vorzug gegeben wird.

WILDBESTAND

Die Verantwortlichen für nachhaltige Lebensraumgestaltung bewegen sich am Schnittpunkt von Ökologie, Naturschutz, Jagd, Forst- und Landwirtschaft. Und da beispielsweise der Verbiss der Waldverjüngung durch das Schalenwild nie nur alleine von der Größe des Wildbestandes abhängt, sondern vom Nahrungsangebot und dessen Zugänglichkeit, liegt die Lösung von Wald-Wild-Problemen nicht einfach im Absenken der Bestände. Die dem Ziel angepasste, strukturell richtige Bejagung, die örtliche Reduktion des Wildbestandes unter Vermeidung von Bejagungsstress, die Biotophege und Beruhigung der Wildeinstände innerhalb und außerhalb des Waldes sind die Garanten für ein erfolgreiches Management der Wald-Wild-Thematik und die Voraussetzung für das schonungs- und nutzenorientierte Zusammenleben in knappen Lebensräumen. Dass eine nachhaltige Lebensraumgestaltung nicht ohne Abschussplanung Ziel führend sein kann, bleibt dabei außer Frage. *(ST)*

Dr. Georg Mayr, Obmann Südtiroler Bauernbund

Die Vielfalt der Wildtiere ist charakteristisch für Natur und Landschaft. Vielfalt von Fauna und Flora bedeutet auch Vielfalt in den Lebensräumen. Ein Zusammenspiel von Wild-Natur-Mensch zu ermöglichen, gehört in den besiedelten Gebieten zu den schwierigsten und feinfühligsten Aufgaben, die Behörden, Jäger und Landwirte erfüllen müssen. Die Bestellung und Bewirtschaftung von Grund und Boden zu ertragreichem Kulturgrund auf der Basis einer naturnahen Bewirtschaftung muss die Lebensweise des Wildes berücksichtigen und respektieren. Aber auch der Bauer muss über den nötigen Freiraum verfügen, damit er seiner Aufgabe als Lebensmittelproduzent nachkommen kann. Schäden jeder Art in Grenzen zu halten ist Bedingung, um beiden Seiten eine gedeihliche Entwicklung zu garantieren. Mit der Regulierung über die Jagd muss die nachhaltige Koexistenz gesichert werden.

Dr. Josef Schmiedhofer, Amtsdirektor Landesbetrieb für Forst- und Domänenverwaltung Südtirol

Mit der für hoch entwickelte Industrie- und Freizeitgesellschaften notwendigen Zonierung von Lebensräumen fällt dem Amt für Forst- und Domänenverwaltung eine schwierige Aufgabe zu. Einerseits sollen Infrastrukturen, die zur Verbesserung der Lebensqualität beitragen genutzt werden, andererseits bemühen wir uns, Ruhezonen für das Wild zu schaffen. Sorgsamer Umgang mit den Ressourcen ist erlaubt, jagen nicht. Der Ausgleich zwischen den Bedürfnissen der Tiere und den Erfordernissen der Menschen steht oft auf Messers Schneide. Auch in Schutzgebieten muss aus wildbiologischen Gründen, zur Vorbeugung von Krankheiten und bei Wildschäden, Wild entnommen werden. Dennoch: Eine Domäne ist ein natürlich gewachsener Lebensraum. Es ist eine mutige Entscheidung, Schutzzonen für das Wild zu schaffen. Die Zusammenarbeit von Politikern, Verwaltern, Landwirten und Jägern garantiert den Ausgleich im Interesse alles Lebendigen.

Dr. Helga Seeber, Amt für Naturparke, Naturpark Trudner Horn Südtirol

Lebensraumbewirtschaftung ist Lebens-Aufgabe. Dem Menschen kommt die Aufgabe zu, sich seinen notwendigen Raum einzurichten. Dazu darf er die Gesamtsicht nicht verlieren und nicht nur dort regulierend eingreifen, wo es für ihn zum Vorteil ist. Die Natur verschafft sich ihr Recht. Der Mensch muss es wahren. Naturparke sind „Inseln" der Ruhe und des Rückzugs, sozusagen „Wellnessoasen" für Wildtiere. Dort können sie den durch übertriebenen „Kulturbetrieb" hervorgerufenen Stress ungestört und geschützt abbauen und sich regenerieren. Es ist kurzsichtig, der Jagd allein die Schuld für das Verschwinden und den Rückgang von Wildarten zuzuschieben. Die Reduzierung der ursprünglich vielgestaltigen landwirtschaftlichen Beackerung, fehlende oder fehlgeleitete forstwirtschaftliche Nutzung, extreme Freizeitbeschäftigungen u. a. m. fordern eine konsequente Habitatsverbesserung. Naturparke sind ein wichtiger Baustein für das Gesamtgebäude Lebensraum.

Wald und Wild

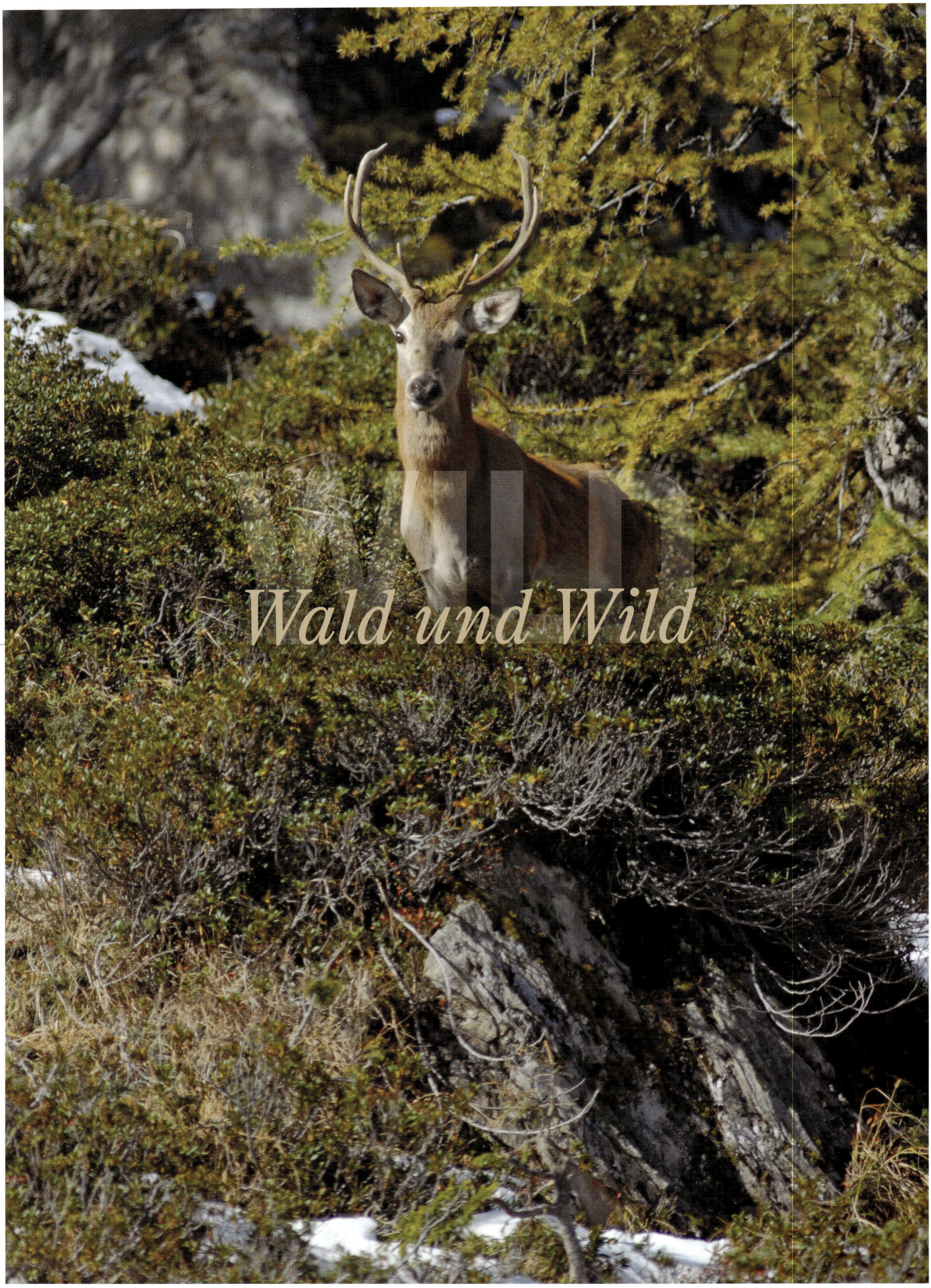

Wald und Wild

ÜBER ANSPRÜCHE UND LEBENSRÄUME

Der Wald ist die Voraussetzung für Wild und Mensch. Der ökologische und kulturelle Zusammenhang dieser drei Elementarteilchen wird dabei viel zu oft verkannt oder zu verzerrt gesehen. Interessenskonflikte zwischen der Nutzenoptimierung in der Forstwirtschaft, der Qualität jagdlicher Schussstrecken und der Besiedlungsattraktivität für das Wild sind vorprogrammiert. Der ausgeprägte Individualismus im freizeitorientierten Bewegungsverhalten des Menschen vervollständigt das Dilemma. Resolutionen zur Umsetzung und Einhaltung von Kriterien der Biodiversität sollen die Konflikte mildern helfen und zu einem Paradigmenwechsel führen. Wildschäden füllen nicht nur die Ordner von Schadensbegutachtern, sondern auch von Wissenschaftlern über die Möglichkeit ihrer Begrenzung und die Effizienz ihrer Handhabung.
Aber welcher Schaden in wessen Wald? Wer von Schaden redet, muss ein konkretes Ziel vor Augen haben und den Schaden an der Nichterreichung dieses Zieles messen. Wirtschaftlicher Natur können Schäden sein, wenn der ökonomische Erfolg eines Forstbetriebes damit verbunden ist. Es kann aber auch um die Befriedigung des individuellen Bedürfnisses der Jagd als Freizeitaktivität oder des touristischen Erlebnisangebots nächtlicher Schneeschuhwanderungen gehen. Oder aber um ökologische Richtlinien, die die Erhaltung der Stabilität und Nachhaltigkeit eines Ökosystems verfolgen.

WEM GEHÖRT DER WALD

Und wem gehört der Wald? Dem Wild? Dem Förster? Dem Jäger? Dem Grundbesitzer? Abgesehen von der besitz- bzw. eigentumsrechtlichen Regelung geht es in erster Linie um eine mensch- und wildökologische Raumplanung. Sie soll die Bedürfnisse und Ansprüche der Lebenspartner Wild-Mensch-Wald in ihren Interessen abgleichen und harmonisieren.
Die kontinuierlich steigende Mehrfachnutzung der Landschaft und der begrenzten Fläche und Belastbarkeit des Waldes machen es um ein Vielfaches komplizierter, die unterschiedlichen Interessen und Bedürfnisse verschiedener Nutzungsberechtigter gleichzeitig zu befriedigen. Aber der Wald ist keine Eier legende Wollmilchsau. Er ist nur begrenzt in der Lage, die von ihm gewünschten und erwarteten Wirkungen zu erfüllen, ohne Schaden – im ökologischen Sinne als Beeinträchtigung der Stabilität des Ökosystems – zu erleiden.

WILDGERECHTE WALDWIRTSCHAFT

Nur wenn der Mensch feinfühlig genug ist, die Lebensbedürfnisse des Wildes zu erkennen und anzuerkennen, kann es bei aller verzweigten und sich gegenseitig störenden Problematik gelingen, einen langfristig gesicherten Lebensraum für Mensch und Wild zu erhalten. Dem Förster kommt dabei eine verantwortungsvolle Aufgabe zu. Er kann – wie kein anderer – gestaltenden und verändernden Einfluss in die Habitatgestaltung nehmen. Er entscheidet über die Zusammensetzung und Veränderung der Waldvegetation und steuert damit Wildlebensräume. Eine „wildgerechte" Waldwirtschaft beispielsweise beträfe immer verschiedene Wildarten mit ganz unterschiedlichen Lebensraumansprüchen und oft gegensätzlichen Auswirkungen auf den Lebensraum selbst. Werden Forst- und Waidmann beim Rotwild danach fragen, wie es in den Lebensraum integriert werden kann, ohne allzu große Schäden anzurichten? Wird man bei den Raufußhühnern danach fragen, wie die Forstwirtschaft günstige Lebensräume schaffen kann? Das Haselhuhn liebt als typisches Waldhuhn dichte artenreiche Mischwälder, Auer- und Birkhahn hingegen aufgelockerte Wälder. Der Einfluss der Landwirtschaft auf den Lebensraum lässt sich besonders an diesen zwei Arten gut zeigen. Die landwirtschaftliche Nutzung der Wälder in Form von Waldweide und Streunutzung begünstigen die Lebensbedingungen für Auer- und Birkwild: lichte Wälder mit beerkrautreicher Bodenvegetation und vielen Insekten. Bei anderen Arten kann Lebensraum gestaltendes Waldmanagement überhaupt keinen Einfluss nehmen. Der Luchs oder auch verschiedene Neubürger passen sich den unterschiedlichsten Lebensraumsituationen an. Hier würde dann eine neue Diskussion über die Toleranz der Landwirtschaft gegenüber Viehverlusten eröffnet werden.

ÖKOLOGISCHE FALLE

Biotopattraktivität ist nicht gleichbedeutend mit nachhaltiger Lebensqualität für Wildtiere. Die „ökologische Falle" lauert auch bei gesundem Waldbestand. Dicht geschlossene Fichtenbestände lassen nur 5 % des Freiflächenlichtes auf den Waldboden. Durch diesen Lichtmangel bleibt die für die Äsungsflächen notwendige grüne Bodenvegetation aus. Andererseits ist der Witterungsschutz bei Schlechtwetter in gesunden, wintergrünen Nadelholzbeständen besser als in naturnah strukturierten Mischbeständen. Einem knappen Nahrungsangebot steht eine bequeme Einstandsqualität gegenüber. Bequeme Unterkunft lockt vermehrt Tiere an, die dann allerdings kaum mehr Nahrung finden.
In diesem wild- und kulturökologischen Perpetuum Mobile treffen sich Wild, Jäger und Förster, um nach einem möglichst gemeinsamen Nenner für gegenseitigen Respekt und Auskommen zu suchen. Die Gedanken und Prinzipien der nachhaltigen Jagd sind die Grundlagen einer Naturphilosophie, die die natürliche Legitimation aller Teilnehmer zu ihrem Inhalt hat. *(ST)*

Ohne Grenzen?

WECHSELSPIEL VON MACHT UND OHNMACHT

Auf der Suche nach Lebensräumen mit Überlebensqualität nehmen Lebewesen allerhand Strapazen auf sich. Tiere wissen nichts von vorgegebenen Richtlinien und Grenzen. Was kümmern das Wild Marksteine, Reviere, Grenzen und Nationen? Es ist auf dem Weg. Die Frage nach seiner Bestimmung als Kulturfolger oder -flüchter ist in diesem Kontext zweitrangig.

Gleichgesinnte oder existenzielle Einsamkeit an der Grenze der Lebensfähigkeit steuern die Lebens- und Überlebensinstinkte.

Die Lebensfähigkeit ist die einzige von der Natur vorgegebene Grenze. Und die Natur meint es nicht immer gut mit den Lebewesen. Davon betroffen sind Mensch und Tier. Die Dynamik des Lebens ist zugleich seine letzte biologische Instanz. In diesem Wechselspiel von Macht und Ohnmacht kommt dem Menschen als reflektierendes Tier eine besondere Stellung zu, weil er in Kreisläufe eingreifen kann. Er zieht Grenzen unter dem Blickwinkel anthropologischer Rechtfertigung, aber grenzt auch Lebensräume für Tiere ein. Im Guten und im Schlechten. Er grenzt und entgrenzt. Ungestüm macht er sich die Erde untertan. Wenn er müde ist, besinnt er sich, dass Gefahr lauert. Er meint es gut damit, weil er erkannt hat, dass seine Siebenmeilenstiefelmentalität in der Eroberung verbleibender Lebensflächen das Wild zur Flucht treibt. „Ruheinseln" im hektischen Betrieb zwischen Freizeit und Tourismus, Landwirtschaft und Jagd, Straßen- und Fußverkehr, Wild-Wandern und Variantenfahrten sind keine Alibifunktionen im fast aussichtslosen Kampf, Lebensräume zu sichern. Die menschliche Dimension ist und bleibt der Astigmatismus der Natur. Kulturelle Exzesse auf der Suche nach dem Sosein als Teil der Natur treiben ein buntes Farbenspiel und liefern mehr oder weniger intelligente Rechtfertigungen. „Wild-Wandern" beispielsweise soll dem Wandern ohne Wegmarkierungen im unerschlossenen Terrain einen Namen geben und gleichzeitig das Bedürfnis nach Gebieten benennen, wo dieses möglich bleibt. „Wild-Wanderer" wandern nach ihrem Selbstverständnis nicht einfach wild drauflos, sondern viel mehr nach Plan, den die Natur ihnen vorgibt und mit Respekt gegenüber dem Wild und seinem Lebensraum. Und genau hier ist die Logik der Rücksichtsnahme an ihrer Grenze. Hielte sich der Mensch nämlich in seinem definierten Lebensraum auf, hätte das Wild eine Ruhe. Und lieber ein Jäger, der hegt und pflegt und den Bestand von Tierarten zu sichern hilft, als ein Schneeschuhwanderer, der die Grenzen der Lebensrhythmen des Wildes verletzt. Die Metaphysik der Jagd gründet im apologetischen Wildbeweis. Jagd schützt das Wild vor der Natur und vor der Verletzlichkeit des Menschen. Das Wild hat die Grenzenlosigkeit der EU antizipiert. Der Mensch versucht nun in virtuellen Welten die Mentalität des Wildes zu erreichen. Virtuelle Wildwanderungen auf Legonomy sind nur ein Beispiel, Second Life und andere können wie Perlenketten aufgereiht werden. Grenzenlos wild ist auch eine Frage menschlicher Grammatik. *(ST)*

Dr. Michl Ebner, EU-Parlamentarier

Das Wild kennt keine Staatsgrenzen. Auch die EU wird dem Wild durch eine oft diskutierte und von manchen gewünschte neue Richtlinie keine Grenzen setzen. So unterschiedlich die Kulturen der Völker Europas sind, so eigen sind in Europa die Verhältnisse der Fauna und Wildpopulationen in den jeweiligen europäischen Lebensräumen. Wir brauchen keine Harmonisierung der Jagd auf EU-Ebene. Hier soll das Subsidiaritätsprinzip greifen. Ein europaweiter, für alle verbindlicher Naturschutz gehört mittlerweile zum nachhaltigen Grundgedanken europäischer Umweltpolitik. Das hat zum Teil auch Auswirkungen auf die Jagd. Ein Beispiel dafür ist die Vogelrichtlinie. Zugvögel sind schon durch ihre Definition „Grenzüberflieger". Die geographischen, natürlichen und kulturellen Unterschiede bilden die Besonderheit der Jagd. Die Land- und Forstwirtschaft, als Regulator der Kulturlandschaft und als erste Adresse des Naturschutzes, gewährleistet eine nachhaltige Nutz- und Schutzfunktion und ist dadurch untrennbar mit der Jagd verbunden.

Prof. Dr. Wolfgang Schröder, Center for Life Sciences, TU München

Kritik an den Regelwerken der EU hören manche gern. Doch setzen wir einmal eine andere Brille auf und schauen auf das Positive: Die Erfolgsgeschichte im Bärenschutz, das Progetto Life Ursus im Trentino, wurde mit EU-Mitteln gefördert. In Österreich kam der Bärenschutz durch EU-Förderung in die Gänge: Ein Managementplan einschließlich Schadensregelung wurde erarbeitet, Fachleute ausgebildet. Natura 2000 hat die Grundlagen gelegt für ein europaweites Netzwerk von Lebensräumen zum Schutz von wildlebenden Pflanzen und Tieren. Im dichtbesiedelten Europa, wo Natur in erster Linie Produktionsraum ist, ist diese Vorsorge für unsere Mitgeschöpfe eine Kulturaufgabe. Sie ist nicht zum Nulltarif zu haben. Die Länder erarbeiten Managementpläne, um einen günstigen Zustand in Natura 2000-Gebieten zu erreichen. Dazu fehlt es oft an Know-How und Geld. Naturschutz ist einfach noch nicht so professionalisiert wie etwa Straßenbau. Doch Rom ist auch nicht an einem Tag erbaut worden.

PD Dr. Marco Giacometti, Geschäftsführer JagdSchweiz

EU-Richtlinien für das Management von Großraubtieren sollen einen „günstigen Erhaltungszustand" von Luchs, Wolf und Bär bewirken. Dieser in Fachkreisen unter dem Titel „the italian way" diskutierte Ansatz zeigt die Grenzen europäischer Konzepte und die Art wie sich Politiker mit fadenscheinigen Argumenten aus der Verantwortung ziehen. Man ignoriert Erkenntnisse der Experten und nimmt die Konflikte mit den Nutzviehhaltern und den Jägern nicht ernst. Den Nutzviehhaltern wird vorgeworfen, übertriebene Forderungen zu stellen und mit allzu theatralischen Auftritten auf die Anwesenheit von Großraubtieren zu reagieren. Von den Jägern wird gefordert, die Abschusspläne anzupassen; die Jäger sollen sich mit einer niedrigeren Jagdstrecke zufrieden geben. Die Politiker fahren also eine scheinheilige Doppelstrategie: einerseits werden Großraubtiere mit Gesetzen geschützt, andererseits wird nicht für die Einhaltung gesorgt.

Vom Auf und Ab ...

POPULATIONSDYNAMIK

Im Jahre 1859 schrieb der große Naturforscher Charles Darwin. „Wie jederman weiß, hängt die Anzahl der Mäuse von der Zahl der Katzen ab“. Obwohl Darwin ein herausragender Beobachter war, wissen wir heute, dass diese Aussage nicht haltbar ist. Bestenfalls räumen die Katzen mit den Mäusen in Haus und Hof auf, in den Wiesen und Feldern draußen bestimmen die Katzen die Anzahl der Mäuse nicht. Andersherum stimmt es eher – die Häufigkeit der Mäuse bestimmt die Zahl der Mäusejäger: Schleiereule und Turmfalke folgen dem Auf und Ab der Mäuse von guten zu schlechten Mäusejahren. Der Sperber folgt diesen Schwankungen nicht, seine Beute sieht anders aus – er frisst eher Vögel.
Die kurzlebigen Mäuse vermehren sich rasch. Schon die ersten Jungen eines Jahres bringen im selben Jahr Junge zur Welt, gleich mehrmals, wenn der Sommer warm und trocken ist. Es ist das Wetter, das in erster Linie zu guten und schlechten Mäusejahren führt. Die Forschung nach den Regeln und Ursachen von Bestandesveränderungen bei Wildtieren über die Zeit ist von zentralem Interesse in der Ökologie. Die Geschichte der Forschung gleicht einem Krimi mit Überraschungen und Sackgassen. Es beginnt schon damit, dass die treibenden Kräfte eines Wildtierbestandes nicht gut aufzudecken sind, wenn sich der Bestand von Jahr zu Jahr wenig ändert – scheinbar im Gleichgewicht bleibt. Eine Population muss schon aus dem Gleichgewicht gebracht werden, um zu zeigen, welche Kräfte in ihr stecken. Am besten gelingt dies im Experiment. Ein Meilenstein auf dem Weg der Erkenntnis waren die Studien an Weißwedelhirschen in einem Forschungsgehege der Universität von Michigan, USA. Mit vier Weibchen und zwei männlichen Hirschen wurde dieses Gehege im Jahr 1928 bestückt – das war die Gründerpopulation. Ein großangelegtes Zähltreiben sechs Jahre später ergab 160 Weißwedelhirsche – das sah zunächst nach einer wundersamen Hirschvermehrung aus. Heute weiß man, dass Tiere, in einen für sie geeigneten Lebensraum verbracht, anfangs rasch zunehmen, solange das Fassungsvermögen der Umwelt – deren Kapazität – noch nicht begrenzend wirkt. Der Bestand wächst in dieser Anfangsphase mit konstanter Wachstumsrate. Weißwedelhirsche sind den Rehen nahestehend, sie sind etwas größer, sie bringen bis zu drei Junge pro Weibchen zur Welt, bei ihnen können unter besonders günstigen Verhältnissen sogar Kälber beschlagen werden. Erste Kalkulationen mit Bleistift und Papier haben gezeigt, dass Weißwedelhirsche in sechs Jahren tatsächlich von sechs auf 160 anwachsen können.
Inzwischen belegen Beispiele an anderen Orten und mit anderen Arten das große Wachstumspotential von wilden Huftieren.
Als nach der Gründung des Schweizerischen Nationalparks im Engadin im Jahre 1918 ein paar versprengte Rothirsche wirksamen Schutz erfuhren, dankten sie es ebenso mit einer Zunahme auf über 2.000 Stück (um das Jahr 1970). Rechnerisch wuchs der Hirschbestand jährlich um 11 % – der Bestand verdoppelt sich dabei alle sechs bis sieben Jahre. Konstante Wachstumsraten treiben einen Bestand explosionsartig (exponentiell) in die Höhe – sie sind nur für einen begrenzten Zeitraum möglich, andernfalls würden die Bestände in den Himmel wachsen, was erfahrungsgemäß nicht der Fall ist. Nähert sich die Population der Kapazität der Umwelt an, wird das Wachstum gebremst.
Die Größe der konstanten Wachstumsrate bei faktisch noch nicht begrenzender Umwelt hängt von zweierlei ab: einmal von der Biologie der Arten selbst – Rehe mit Mehrfachgeburten können rascher wachsen als Rothirsche, Steinböcke oder Gämsen. Die Wachstumsrate spiegelt auch die Eignung des Lebensraumes für die Art wider – je günstiger desto höher, bis an die biologische Grenze der Art. *(WS)*

NUTZUNG

Eine starke Nutzung ist oft im Interesse des Jägers. Wie hoch die Entnahme sein kann, hängt von der Art der Populationsregulation ab.
Wird die Population in erster Linie durch dichteabhängige Faktoren begrenzt – z.B. durch Nahrungskonkurrenz, verkraftet sie starke Eingriffe. Auf das Absenken der Bestandesdichte reagiert die Population mit mehr Geburten, die Sterblichkeit geht zurück. Eine hohe Nutzungsrate ist beispielsweise bei Rehen in guten Lebensräumen möglich, wo die Winter nicht zu streng sind. Sie ist möglich, ja zwingend, bei vielen Rothirschbeständen, weil sie aus Gründen der Wildschadensvermeidung weit unterhalb der natürlichen Kapazität gehalten werden.
Günstig ist, wenn die Entnahme von Tieren aus der Population beide Geschlechter in verschiedenen Altersstufen umfasst. Dann bleiben Altersaufbau und Geschlechterverhältnis des Bestandes in einem für die Vermehrung günstigen Rahmen. *(WS)*

ZURÜCKHALTUNG

Zurückhaltung in der Nutzung ist zumeist der beste Regulationsmechanismus. Im Hochgebirge hinterlässt das raue Klima eine starke Handschrift in der Populationsdynamik.
Winterwetter ist oft wichtiger als Lebensraumkapazität. Den Eingriffen des Jägers sind engere Grenzen gesetzt. Abschuss und Sterblichkeit von Tieren im Winter summieren sich in der Wirkung.
Wird die Population überwiegend durch dichteunabhängige Faktoren reguliert, reagiert sie bei geringerer Dichte nicht zwangsläufig durch höhere Vermehrung – schon der darauffolgende Winter kann wieder streng sein und hohe Verluste fordern. Eine Nutzung mit leichter Hand ist deshalb bei Gämsen und Steinböcken in schneereichen Lebensräumen geboten. Sind Gams und Steinbock in günstigeren Lagen weniger Spielball des Winters, ist auch bei diesen Bergtieren eine höhere Nutzung möglich. *(WS)*

ANGST

Angst gehört zu den Grundbefindlichkeiten von Mensch und Tier. Starke Persönlichkeiten und Charaktere reagieren anders als schwache, zurückhaltende. Die psychologische Bandbreite zwischen Aggression und Rückzug schafft eine biologische und soziologische Dynamik im Lebensraum.
Angst grenzt Lebensraum und Lebensqualität ein und beeinflusst das Verhalten zwischen Mensch und Wild ganz entscheidend. Bei hohen Abschüssen werden die Tiere scheu. Sie meiden gefährlich erscheinende Orte, die Fluchtdistanz ist groß.
Dadurch wird die Kapazität des Lebensraumes durch den Jäger selbst unter die natürliche Kapazität gesenkt. Die Tiere können den gegebenen Lebensraum nicht voll nutzen. Konkurrenz tritt früher auf, die scheuen Tiere sind nicht so produktiv. Für den Jäger ist es daher wichtig, nicht nur Strecken und Bestandeszahlen, sondern auch das Verhalten der Tiere im Auge zu behalten. *(WS)*

WILD

Faktor Schnee

Die Berufsjäger in einem der besten Gamsreviere in den nördlichen Kalkalpen, dem Hochschwab in der Steiermark, haben über Jahre hinweg die tot aufgefundenen Gämsen in ihren Jagdtagebüchern vermerkt. Auswertungen ergaben einen guten Zusammenhang der Anzahl des Winterfallwildes mit der aufsummierten Neuschneemenge des jeweiligen Winters: je höher die Schneemengen, desto mehr Tiere werden gefunden, insbesondere Kitze und Böcke, nicht ganz so häufig Geißen. Bemerkenswert für den Regulationsfaktor Winterwetter ist, dass er fast unabhängig von der Bestandeshöhe wirkt: es kann 20 Prozent des Bestandes treffen, egal ob der Bestand hoch oder niedriger ist. Hier sprechen die Forscher von einem dichte-unabhängigen Regulationsfaktor. Neuere Analysen der langfristigen Bestandsaufzeichnungen für Gämsen im Schweizerischen Nationalpark deuten darauf hin, dass beide Regualtionsmechanismen greifen: ein dichteabhängiger (z.B. Nahrungskonkurrenz), der den Bestand bremst, wenn er sehr hoch wird, oder ihn kräftiger anwachsen lässt, wenn er niedrig ist. Unabhängig davon wird der Bestand durch unterschiedliche Winterstrenge von Jahr zu Jahr dichteunabhängig beeinflusst. Auch in vielen vom Menschen gegründeten Steinbockkolonien ist die Entwicklung gut belegt. Flurin Filli, Forschungsleiter im Schweizerischen Nationalpark und Bernd Erik Saether, sein mathematisch talentierter Kollege aus Norwegen, haben anhand von Datensätzen unser Verständnis der Populationsdynamik von Huftieren vertieft. Bei diesen langlebigen Tieren spielen z.B. zeitverzögerte Wirkungen eine Rolle: Der Zustand einer Population erklärt sich auch aus länger zurückliegenden Ereignissen, wenn durch einen starken Winterausfall von Jungtieren vor Jahren die reproduktiven Geißen eines Jahrganges Jahre später knapp werden. *(WS)*

WILD
Leben in Gesellschaft

VORTEILHAFTE GRUPPENDYNAMIK

Eine Gams kommt selten allein, dasselbe gilt für Steinbock und Hirsch, ja für die meisten Huftiere – vom Pferd bis zu zum Wildschwein. Das Leben in der Gruppe muss Vorteile haben – die Nachteile sind offensichtlich. Einmal ist die Nahrungskonkurrenz bei Tieren in der Gruppe größer, zum anderen die Übertragung von Krankheiten und Parasiten und schließlich entdeckt ein Feind eine Gruppe leichter als ein einzelnes Individuum.
Dennoch, der Hauptgrund für das Gruppenleben liegt in der besseren Feindvermeidung. Viele Augen sehen mehr als zwei. Während die meisten im Gamsrudel fressen, suchen andere ständig die Gegend ab. Stehen Gams im Rudel, verbringt das einzelne Tier mehr Zeit mit Fressen als ein einzeln stehendes. Das relativiert den Effekt der Nahrungskonkurrenz.
Bei einer Attacke müssen sich Wolf oder Luchs für ein Individuum entscheiden. Das ist nicht leicht, wenn sich die Gruppe bewegt. Das ist z.B. das Erfolgsrezept des Fischschwarms. Filmaufnahmen zeigen, dass sich bereits einmal ausgemachte Hirschkälber bei Wolfsangriffen erfolgreich in der durcheinanderfliehenden Gruppe verstecken können. Die Raubtiere werden auf diese Weise verwirrt. Schließlich ist das Risiko des Einzelnen gefressen zu werden, umso geringer, je größer die Gruppe ist.
Bei geselligen Huftieren schließen sich mehrere Mutter-Kind-Verbände zu größeren Gruppen zusammen, die der Jäger als Rudel bezeichnet. Manchmal stehen männliche Jungtiere dabei. Männliche Tiere bilden oft Junggesellenverbände an anderen Standorten. Gams- und Steingeißen mit Jungtieren ist die Nähe zum Fluchtterrain wichtiger als den Böcken.
Rothirsch-, Gams- oder Steinbockrudel sind nicht stabil, sie spalten sich gelegentlich in kleinere Gruppen oder schließen sich zu noch größeren zusammen. Am größten sind die Rudel in einförmigem und nahrungsreichem Gelände, wie auf Hochflächen oder in großen Karen.

Huftiere sind Beutetiere, sie alle wurden unter dem Einfluss von Raubtieren geformt, auch ihre sozialen Verhaltensweisen.
Es gibt auch Ausnahmen – das Reh ist eine. Rehe sind meist allein, nur Kitze sind bei ihren Geißen. Die hohen Qualitätsansprüche des Rehs an die Nahrung würden ein Leben in der Gruppe kaum erlauben. Erfolgreiche Feindvermeidung erfolgt durch eine versteckte Lebensweise, durch ein Leben im Busch. *(WS)*

WILD
Anblicke

STEIN WILD

Adel verpflichtet

Viktor Emanuel II, König von Italien, hat das Steinwild gerettet. Vergessen wir die anderen Verdienste und Vergehen. Hier sprechen wir vom Wild und dafür hat sich der König eine goldene Krone verdient. Das letzte Steinwild lebte damals im Gran Paradiso. Viktor Emanuel hat die Tiere unter Schutz gestellt und sich das alleinige Jagdrecht erkauft. Sogar das höfliche und bittende eidgenössische Ansuchen um Auslieferung von drei Böcken wurde strikt abgelehnt. Kein Bock und keine Geiß kamen mehr über die Grenze. Dafür die Schmuggler. Mit ihnen wurde ein Geschäft gedreht. Sie waren es, die um 1910 drei Tiere halsbrecherisch aus dem Königreich geschmuggelt und sie im Gebiet der Grauen Hörner im Kanton St. Gallen ausgesetzt hatten. Den Tieren gefiel es in der Schweiz. Warum auch nicht. Gebirge hat keine Mentalität und die Gräser halten grenzübergreifend zusammen. Die Steinwildkolonie prosperierte. Gebietsweise erreichten sie Stärken, dass einige zum Abschuss freigegeben werden mussten, um Gebirgswälder vom Verbiss zu schützen. Heute leben in den Alpen rund 15.000 Steinböcke. Alle diese Steinböcke sind die Abkömmlinge der wenigen Tiere des italienischen Königs. Diese letzte frei lebende Steinwildpopulation im Gebiet des heutigen Nationalparks Gran Paradiso ist die Keimzelle aller Wiedereinbürgerungen. Trotzdem haben Jäger und Wildbiologen Sorgenfalten auf der Stirn. Die Kolonien stagnieren oder gehen zurück. Sind kränklich, sterben im besten Alter. Verzweifelt wird nach den Ursachen für diese Schwächen gesucht. Ernsthafte Forscher kommen nicht umhin, Klima- und Lebensraumveränderung, Inzucht, Stress und Äsungsgewohnheiten dafür mitverantwortlich zu machen. Eigene Forschungsinstitutionen untersuchen das Phänomen europaweit. *(ST)*

Gewildert und geschmuggelt

VIAGRA DER ANTIKE

Aberglaube und männliche Potenzsucht hätten das Steinwild beinahe ausgerottet. Schon ab 1622 wurde es vehement gejagt. Das Steinwild wurde mit Haut und Haaren verwertet. Der Mythos um die Wirk- und Heilkraft des Steinwildkörpers erreichte schwindelerregende Interpretationshöhen. Gefangen, geschossen und abgeführt wurde alles, was Hörner hatte. Dazu galten Blut, Magensteine (Bezoare), Milz und Knochenmark als Wundermittel für Mann und Frau. Und das Herzkreuz (der verhärtete Knorpel der Herzklappen) machte unverwundbar. Wer hätte da das Steinwild nicht gejagt! Geschichten und Ereignisse wiederholen sich. Die Mittel und Anwendungen ändern sich unmerklich. Pöbel und Adelige im 16. Jahrhundert waren so scharf auf das Steinwild, dass die Jagd von oberster Behörde körperlich bestraft wurde. Besonders Kaiser Maximilian I hütete und hegte die Steinböcke ganz besonders. Andere – kirchliche – Beschützer des Steinwildes waren die Erzbischöfe Wolf Dietrich und Marcus Sittiens von Salzburg, welche über die Jagden im Zillertal verfügten. Die Stilblüten dieses Schutz- und Jagdgedankens gipfeln in dem Verbot, Ziegen und Schafe aufzutreiben, den Kühen auf der Weide Glocken umzuhängen. Jodeln und Jauchzen waren außerdem strengstens untersagt. Um die Summe der Verbote zu überprüfen, wurden eigene Jäger bestellt. Dem ausufernden Jagen auf kraftvolle Potenzlieferanten wurde versucht ein Ende zu bereiten. Aber die Vorfreude des Steinwildes auf die Schonzeit war umsonst. Es wurde gewildert, geschossen, geschmuggelt und taktiert. Ein paar Gramm des wertvollen Hornmehls kosteten ein Vermögen. So ein Steinbock war nicht nur eine geile Sache, sondern auch ein lukratives Geschäft. *(ST)*

Erfolgreiche Rückkehr

Der Steinbock ist heute wieder in weiten Teilen des alpinen Lebensraumes heimisch. Die Populationen verteilen sich entlang des gesamten Alpenkammes, von den Seealpen im Südwesten bis zu den Österreichischen Kalkalpen, den Norischen und Julischen Alpen sowie den Karawanken im Osten.

Die zahlenmäßig stärksten Populationen liegen in zwei deutlich voneinander getrennten Regionen: die Grajischen, Walliser und Berner Alpen einerseits (westliche Alpen) und die Adula, Rätischen und Ötztaler Alpen sowie die Hohen Tauern andererseits (zentrale/östliche Alpen). Die dazwischen liegenden Urner und Lepontinischen Alpen (Gotthard-Gebiet) bilden aufgrund der dort herrschenden geologischen und klimatischen Verhältnisse für Steinwild weniger günstige Lebensräume. Die dortigen Steinbockpopulationen kommen denn auch zahlenmäßig nicht an die größeren heran.

Die großen Populationen befinden sich im Bereich des Alpenhauptkammes und zählen bis zu einigen tausend Tieren. Die Fläche ihres Lebensraumes kann 1.000 km² übersteigen. Die etwa 80 Kolonien im Bereich des Alpenrandes sind hingegen meist sowohl zahlen- als auch flächenmäßig klein. Sie tragen jedoch zur Bereicherung der alpinen Fauna bei, wenngleich dort der Steinbock nicht überall als autochthon im Sinne der nacheiszeitlichen Verbreitung gelten kann. Das betrifft etwa die neu gegründeten Populationen im Westen der französischen Alpen sowie östlich der Hohen Tauern und jene im Schweizer Jura.

Die Verbreitung des Steinbocks im Alpenraum ist diskontinuierlich: Die lokalen Populationen sind nicht durch wandernde Individuen verbunden und existieren deshalb unabhängig voneinander. Die durch tiefe Alpentäler oder ausgedehnte Waldgebiete isolierten Gebirgsstöcke mit geeigneten Lebensräumen gleichen Inseln, die aus dem Tiefland herausragen. *(MM)*

BESTÄNDE IN DEN ALPENLÄNDERN

Am meisten Steinböcke leben heute in der Schweiz und in Italien. Die Bestände dieser beiden Länder machen mit jeweils rund 15.000 Tieren etwa drei Viertel der Gesamtpopulation aus. Einige tausend Tiere leben in Frankreich und in Österreich. Hingegen ist im Fürstentum Liechtenstein, in Deutschland und in Slowenien der Bestand an frei lebenden Alpensteinböcken, bedingt durch die beschränkte Größe des dort verfügbaren Lebensraumes, auf wenige Tiere beschränkt.

In Frankreich wird dem Steinbock-Ansiedlungsprogramm in Naturschutzkreisen nach wie vor hohe Priorität eingeräumt, obwohl das für Steinwild geeignete Gebiet nun besiedelt sein dürfte. Die Savoie (2.800 Steinböcke) und die Haute Savoie (1.800 Stück) sind die steinbockreichsten Départements Frankreichs, während die weiter südlich und westlich liegenden Départements weniger als 1.000 Tiere zählen (Isère, Drôme, Hautes-Alpes, Alpes de Haute-Provence und Alpes-Maritimes). Kürzlich ist es in einigen Gebieten – in Frankreich werden die Steinböcke nicht durch die Jagd reguliert – zu gehäuftem Sterben gekommen. In Italien lebt ein Großteil der Steinböcke im westlichen Teil der Alpen. Die Regionen Piemont und Aosta allein zählen gut 9.500 Steinböcke. Aber auch in der Lombardei leben 2.500 Stück Steinwild. Hingegen sind die italienischen Ostalpen noch relativ dünn besiedelt: In den Regionen Trentino-Südtirol und Friaul-Julisch Venetien werden jeweils rund 2.000 Steinböcke registriert. Dies ist einerseits bedingt durch die geringere Eignung des dortigen Habitats im Vergleich zu jenem in den zentralen und westlichen Alpen. Andererseits aber erlaubt in Italien ein beträchtliches Potential an Lebensräumen immer noch eine Zunahme der Populationen, besonders im offenen Jagdgebiet. Außerhalb der Schutzgebiete hat der Steinbock mancherorts wegen unkontrollierter Abschüsse Mühe, Fuß zu fassen. Durch ein optimiertes Management, das die Steinbockjagd in absehbarer Zukunft als Instrument zur Hege aufnimmt, könnte der Bestand in Italien in Zukunft noch deutlich anwachsen. Derzeit läuft dort eine technische Studie mit dem Ziel zu prüfen, wie die Steinböcke außerhalb der Schutzgebiete durch die Jagd genutzt werden könnten.

Die steinbockreichsten Kantone der Schweiz sind Graubünden (6.000 Steinböcke) und Wallis (4.500 Stück). Als große Gebirgskantone bieten sie weitläufige, für den Steinbock geeignete Lebensräume. Die Art ist in 14 weiteren Schweizer Kantonen heimisch, darunter in den Kantonen Waadt, Freiburg, Bern, Luzern, Ob- und Nidwalden, Uri, Tessin, Glarus, St. Gallen, Appenzell Innerrhoden und Appenzell Ausserrhoden. In der Schweiz ist der geeignete Lebensraum heute weitgehend besiedelt.

Die größten österreichischen Steinbockvorkommen befinden sich in Vorarlberg, Tirol und Salzburg. Auch in Österreich dürfte der für den Steinbock verfügbare Lebensraum nun besiedelt sein. Weil es in Österreich nicht üblich ist, die Angaben über die vorhandene Stückzahl an Steinwild zentral zu erfassen, kann derzeit keine aktuelle Bestandsgröße nach Bundesland angegeben werden. *(MG, "Von Königen und Wilderern – die Rettung und Wiederansiedlung des Alpensteinbockes")*

KOLONIEN IN STEILER WAND

Alle Wildziegen der Erde leben in felsiger Heimat, davon eine Art in unseren Bergen: der Alpensteinbock.

Als man sich anschickte, das fast ausgerottete Charaktertier des Hochgebirges wieder heimisch zu machen, war von seinen Ansprüchen an das Biotop wenig bis gar nichts bekannt. Deshalb scheiterten vorerst alle Bemühungen, bis endlich eine Wiederansiedlung gelang. Seither sind viele Wissenslücken gestopft worden, und der Steinbock zählt zu den gut erforschten Wildarten.

Als Standorte für Kolonien eignen sich die in Richtung der wandernden Sonne verlaufenden Bergketten mit einer Mindesthöhe von 2.500 m und von einiger Ausdehnung, die reich strukturiert sind und einen breiten alpinen Gürtel von der Waldgrenze bis zu den Gipfeln aufweisen. Als Rückzugsorte sollten gegliederte, mit Grasbändern bewachsene Felsköpfe neben den zur Äsung aufgesuchten Matten und Schuttfeldern aufragen. Als ideale Hangneigung wurden 30 bis 50 Grad ermittelt. Zum Setzen bevorzugen Geißen deckungsreiches Steilgelände, wo sie vor Angreifern sicher sind. Höhlen und Spalten, windexponierte Grate, schattige Kessel und Schneefelder verschaffen den Kälte liebenden Gebirglern im Sommer die nötige Kühlung. Als überwiegende Grasfresser meiden Steinböcke die Zwergstrauchheide, deren Anteil darf deshalb nicht zu groß sein. Liegen zwischen zwei Gebirgszügen breite Täler oder Flüsse, bilden diese eine Barriere, die nicht überschritten wird. Als Wintereinstand bevorzugt das Steinwild tiefer gelegene, südexponierte, mit Felsbastionen durchsetzte Orte in steilem Gelände, wo der Schnee schnell abtaut und abrutscht und die Grasnarbe bloßliegt. Die kurzläufigen Tiere waten nur ungern durch Tiefschnee. Bei garstigem Wetter suchen sie oft Zuflucht im Bergwald. Generell entsprechen die trockeneren Regionen der Inneralpen und die gegen Süden den klimatischen Anforderungen besser als die niederschlagsreichen Zonen auf der Nordabdachung. Überschreitet eine Kolonie die tragbare Dichte, sollten überzählige Individuen in angrenzende taugliche Gebiete ausweichen können. Günstig ist es, wenn unter einzelnen Populationen ein genetischer Austausch stattfinden kann.

Rot-, Gams- und Steinwild beanspruchen, zumal im Winter, oft dieselben Äsungsgründe. Als schwächste werden Gämsen verdrängt. Im Sommer vertreiben Schafe und Ziegen das Steinwild in Hochlagen und schleppen überdies Parasiten und Krankheiten ein. Das gilt es bei einer Koloniegründung zu berücksichtigen. *(MM)*

Wilder Liebhaber

ÜBER LIEBESLEBEN, LEIDENSCHAFT UND BOCKSPRÜNGE

Der Steinbock ist bekannt für seine Potenz und für seine Vielweiberei. Manche nennen es schon ein liederliches Leben. In der Brunftzeit – im Dezember/Jänner – befinden sich die alten Böcke in verschiedenen Gruppen. Die ranghohen Gigolos signalisieren mit umgeklapptem Wedel ihre Brunftbereitschaft. Die weiße Unterseite des Wedels, die dadurch weithin sichtbar wird, verkündet es dem umstehenden Fahlwild, das in gemischten Rudeln herumsteht. Im Rudel dominiert ein alter Bock; jüngere Böcke, Geißen und Jungtiere verhalten sich brav und unauffällig. Der dominante Bock umwirbt die Geiß! Er tut es gefällig in der berühmten „Streckhaltung". Aber die Absichten sind alles eher als unterwürfig. Wie der Gigolo die schwarzen Locken vor dem Angriff lässig nach hinten wirft, legt der Steinbock seine Hörner auf dem Rücken auf. Er klappt die Oberlippe hoch und „flippert" mit dem Lecker. Der kleine Kopf rotiert und der Vorderlauf pendelt in Richtung Geiß. Die Lust macht gleich Bocksprünge. Aber der Bock macht das ruckzuck. Nur einige wenige Sekunden dauert die Begattung, dann hat die Lust die Freiheit erlangt. Höflich wie er ist, der Steinbock, begleitet er die Geiß noch eine Weile. Dann nimmt er mit den anderen Böcken schon wieder an der Gemeinschaftsbrunft teil. *(ST)*

Rangeleien

WARUM KÄMPFEN NUR DIE MÄNNCHEN?

Damit sich nur die Stärksten unter ihnen fortpflanzen können. Das ist die oft gehörte Machoerklärung für einen Sachverhalt, der nicht stimmt.

Was aus der Sicht eines Individuums zählt, ist die erfolgreiche Weitergabe von Genen an die nächste Generation. Für eine Hirschkuh ist das kein Problem, denn an ihren Kälbern ist sie stets mit den eigenen Genen beteiligt, genauso wie eine Auerhenne mit ihren Genen Anteil an den Küken hat.

Für die Männchen ist das ungleich schwieriger. Es ist besonders schwierig bei jenen Arten, bei denen nur wenige Männchen das Paarungsgeschäft besorgen – Platzhirsch oder Platzbock bei den Gams und Platzhahn beim Auerhuhn. Die meisten ihrer Geschlechtsgenossen gehen leer aus. Der Evolutionsbiologe Richard Dawkins hat eines seiner Bücher „Das egoistische Gen" genannt, es spielt darauf an, dass jedes Individuum ein starkes Motiv hat, seine Gene weiterzuvererben. Es gibt also einen klassischen Konflikt. Um zu entscheiden, wer denn nun zum Zug kommt, hat sich bei den in Gesellschaft lebenden Arten unter den Männchen eine ritualisierte Kampfesweise herausgebildet, die Sieger und Unterlegene ermitteln lässt. Ritualisiert heißt, ähnlich einem Ritterturnier zielt der Kampf nicht auf Verletzung oder Tod des Gegners ab.

Für einen Rothirsch wäre es leicht, dem Gegner ohne Vorwarnung in die Seite zu fahren und ihn schwer zu verletzen. Er tut es nicht, vielmehr beginnt die Auseinandersetzung mit einem Rufduell, in dem schon viele Vorentscheidungen fallen. Gleichstarke marschieren Seite an Seite und zeigen sich einander in voller Pracht, um dann, wenn keiner nachgibt, regelgerecht die Geweihe ineinanderzustoßen. Dann beginnt der Schiebekampf. Gibt einer auf, so lässt ihn der Stärkere unbehelligt das Weite suchen.

Bei Steinböcken beginnen Rangeleien schon lange vor der Brunft, zunächst spielerisch. Oft hört man die Hörner von Böcken aneinanderknallen, auch wenn man die Tiere nicht sieht. Nur Böcke in ähnlicher Kampfklasse sortieren auf diese Weise ihren Rang, bei anderen ist er offensichtlich. Um die Wucht des Schlages zu vergrößern, stellen sich Steinböcke auf die Hinterbeine, lassen sich fallen und schlagen mit den Hörnern nach unten.

Anders ist es bei Birk- und Auerhuhn. Hier steckt jeder Hahn in einer Balzarena ein kleines Territorium ab und tänzelt sein aufgeplustertes Balzspiel vor den anderen Hahnen so gut er kann. Gelegentlich raufen die Hähne. Der ranghöchste nimmt sich den begehrtesten Platz. Anders als bei Hirsch und Gams schauen sich die Hennen das Ergebnis genau an. Sperrt man im Versuch die Birk- oder Auerhahnen jeweils in die Ecke einer Voliere, mit einem Zugang so groß, dass Hennen hindurch, aber Hahnen nicht heraus können, so sieht man, dass die meisten Hennen zum wildesten Hahn gehen, um sich von ihm treten zu lassen. Bei diesen Arten heizen die Weibchen durch ihre Selektion den Rüstungswettlauf der Männchen noch an.

Aufwändige Hirschgeweihe und die großen Steinbockhörner sind, genauso wie das imposante Balzgefieder von Auer- und Birkhahn, ein Nebenprodukt von Rangkämpfen, um Gene erfolgreich weiterzugeben. *(WS)*

STEINBOCK UND GAMS – EIN UNGLEICHES PAAR

Der Tierpfleger im Opel-Freigehege nahe Frankfurt lernte die Unterschiede auf harte Weise kennen. Sein Gamsbock und sein Steinbock kämpften spielerisch an ihrem Kunstfelsen im Gehege. Während der Steinbock sich auf den Hinterbeinen erhob, um mit den Hörnern nach unten zu schlagen, fuhr ihm der Gamsbock mit den Krucken in den Bauch und riss ihm die Decke auf. Die Kampfweisen sind einfach grundverschieden.

Fliegt man von Stuttgart nach Süden über die Alpen, türmen sich zunächst die Allgäuer Hochalpen auf. Hier leben an die 150 Steinböcke schlecht und recht, seit 50 Jahren, unbejagt. An den ersten Alpenketten stauen sich die Wolken, es regnet häufig. Gams gedeihen prächtig, Steinböcke nicht. Steinböcke gehören nämlich zu den Ziegen, Tiere, die aus Trockengebieten stammen.

Hinter den regenreichen Nordketten, im Alpenhauptkamm, regnet es nur noch halb so viel oder noch weniger. Hier, in den inneralpinen Trockengebieten, im Pitztal, im Engadin, im Vinschgau fühlen sich die Steinböcke wohl. Steinböcke haben das Klettern im Fels perfektioniert. Sie wurden auch schon auf Bäumen mit ausladenden Ästen gesehen. Schnee macht ihnen zu schaffen. Steinböcke bringen mehr Gewicht auf die Hufflache als Gams, sie sinken im Schnee tiefer ein. Hinzu kommt, dass sie wegen der kürzeren Läufen mit dem Bauch bald im tiefen Schnee stehen, eine weitere Erschwernis.

Gams sind eher Allrounder. Sie erreichen zwar nicht die Spitzenleistungen im Fels, dafür sind ihre Hufe vielseitiger. Sie können die Schalen zu einer Art Schneeschuh spreizen; im tiefen Schnee kommen sie besser zurecht.

Das Verbreitungsgebiet des Spezialisten Steinbock in den Alpen wird daher immer lückenhaft bleiben, auch wenn alle geeigneten Lebensräume wiederbesiedelt sind. Gämsen, die Generalisten, besiedeln nahezu jeden Berg. Sie tun dies nach lokaler Aussrottung auch von allein, denn anders als Steinböcke durchqueren sie bewaldete Täler problemlos. *(WS)*

Steinbock und Gams

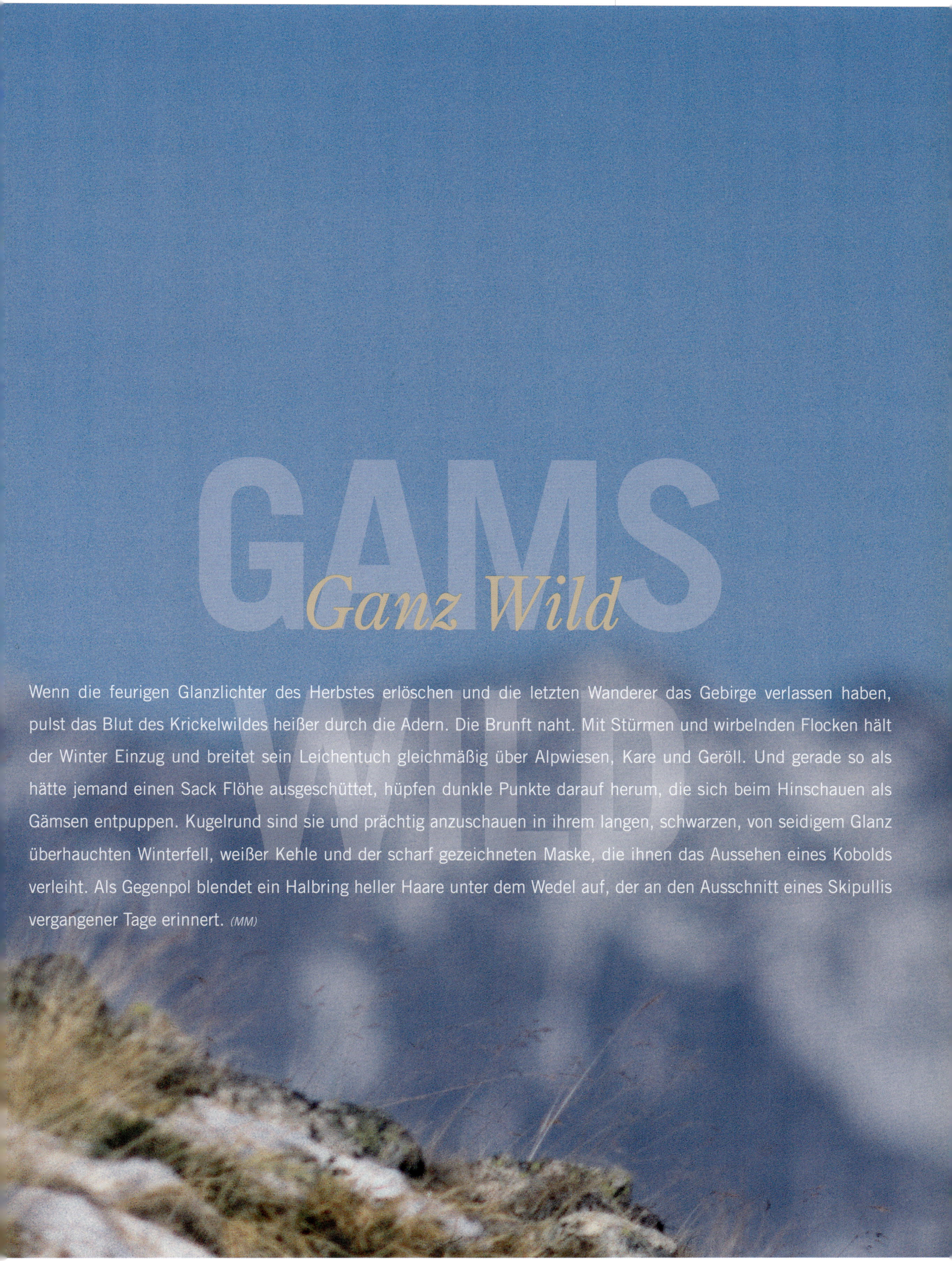

GAMS

Ganz Wild

WILD

Wenn die feurigen Glanzlichter des Herbstes erlöschen und die letzten Wanderer das Gebirge verlassen haben, pulst das Blut des Krickelwildes heißer durch die Adern. Die Brunft naht. Mit Stürmen und wirbelnden Flocken hält der Winter Einzug und breitet sein Leichentuch gleichmäßig über Alpwiesen, Kare und Geröll. Und gerade so als hätte jemand einen Sack Flöhe ausgeschüttet, hüpfen dunkle Punkte darauf herum, die sich beim Hinschauen als Gämsen entpuppen. Kugelrund sind sie und prächtig anzuschauen in ihrem langen, schwarzen, von seidigem Glanz überhauchten Winterfell, weißer Kehle und der scharf gezeichneten Maske, die ihnen das Aussehen eines Kobolds verleiht. Als Gegenpol blendet ein Halbring heller Haare unter dem Wedel auf, der an den Ausschnitt eines Skipullis vergangener Tage erinnert. *(MM)*

VON NATUR AUS PERFEKT UNPROPORTIONIERT

Dort wo der Wind Flächen frei geweht hat, äsen Geißen und Kitze eifrig verdorrte Halme. Sommers über hat der Latschengürtel seinen grünen Schleier über manch älteren Bock gezogen. Jetzt tauchen die verloren geglaubten Einsiedler plötzlich wieder auf, queren in federndem Galopp ein Schneefeld nach dem anderen, gewinnen spielend an Höhe und postieren sich auf Kanzeln. Stundenlang stehen sie dort, weithin sichtbar, blicken in die Runde und lassen zuweilen ein schnarrendes Blädern hören. Den beobachtenden Jäger juckt der Schießfinger, wenn sich die langen Rückenhaare im Luftzug bewegen. Die würde er gerne, zum Bart gebunden, an seinen Hut stecken. Gelegentlich trabt der Wächter von der Zinne zu seinem Rudel hinunter und beriecht das hintere Ende jeder Dame, gerade so wie ein versierter Sommelier den Korken. Derart kann der Bock den Begattungszeitpunkt feststellen.

Der Gestalt der Gämse haftet nichts Zierliches an. Der kurze Rumpf wird von stämmigen, überproportionierten Läufen getragen, deren längeres hinteres Paar über kräftige, abgewinkelte Gelenke verfügt, die der Gebirglerin zur gewaltigen Sprungkraft verhelfen. Gegeneinander bewegliche, scharfrandige und vorne spitz zulaufende Paarhufe zeigen Spuren des täglichen Gebrauchs in Fels, Eis und Schutt. Äußerst leistungsfähige Lungenflügel und ein starkes Herz erlauben es den Kletterkünstlern, in wenigen Minuten zwei-, dreihundert Höhenmeter zu bewältigen. Eine besondere Anpassung an die oft gleißende Lichtfülle stellt das Auge dar, das über einen waagrechten, variablen Schlitz verfügt und auf rasch wechselnde Helligkeit reagieren kann. Als tagaktives Wild ist die Gämse auf ihren guten Gesichtssinn angewiesen, den ein scharfes Gehör und ein feiner Geruchsinn ergänzen. Derart gerüstet sind Gams bestens an das Leben in unwirtlichen Höhen angepasst. *(MM)*

In den Bergen daheim

Im Sommer sind die Gams am liebsten dort, wo reichlich Grün an Fluchtterrain grenzt, sie vor Feinden sicher sind. Sie finden dies am besten in den Karen an und über der Waldgrenze, wo am Rande der abtauenden Schneefelder stets frisches Gras sprießt und die nahen Felsen und Schrofen Sicherheit bieten. Sind diese besten Lebensräume besetzt, breiten sich Gämsen in den nächstbesten Lebensraum aus, das ist oft der Wald – dort halten sie sich wenn möglich an kleine Felspartien und Schluchten. In Südtirol gibt es heute einen hohen Gamsbestand. Deshalb tummeln sich Gämsen bis weit hinunter in das Etschtal. Früher, als es Luchse und Wölfe gab, hätte an vielen dieser peripheren Verbreitungsinseln das Fluchtterrain nicht gereicht. In manchen Gebieten tauchen die Gämsen im Frühsommer öfters in Talgegenden auf. Der Grund für die Wanderlust liegt in der sonst im Jahreslauf nie derart massiv auftauchenden Aggression von erwachsenen Gamsböcken gegenüber den Jungen. Kein Wunder, dass die Jünglinge den Spannungen entgehen wollen, sich neuen Lebensraum suchen. Die „Flucht" nach vorne bleibt die einzige Rettung der schwächeren Tiere vor ihren störrischen Artgenossen.

Über den Alpenraum hinaus lassen sich Verhaltensweisen beobachten, die an ein für den Beobachter amüsantes, für die Gämsen weniger vergnügliches Gamstheater erinnern. Platzböcke setzen ihre halbstarken Söhne unter Druck. Wenn eines Abends ein Jungbock am Rand seiner begrenzten Heimat steht und hinüberschaut zu den Bergen in der Ferne, macht er sich im Morgengrauen davon, über Stock und Stein, je nach menschlicher Besiedelungsart über Schrebergärten und zwischen Häusern hindurch. Auch Gamsgeißen wandern ab, wenngleich zwischen Geißen die Aggressionen nicht so offensichtlich sind.

Dass Gämsen weltweit in den Bergen zu Hause sind, ist auch auf ein Geschenk von Kaiser Franz Joseph I zurückzuführen. Im Jahre 1907 ließ er Gämsen nach Neuseeland verfrachten. Sie wurden im Gebiet des 3.754 m hohen Mount Cook freigelassen. Die Gämsen haben sich mit einer Geschwindigkeit von über 5 km pro Jahr entlang des neuseeländischen Gebirges ausgebreitet. Viele Tierarten wurden von den europäischen Siedlern in dieses Land auf der Südhalbkugel verbracht. Kein anderes Tier hat sich so rasch verbreitet wie die Gams. *(WS)*

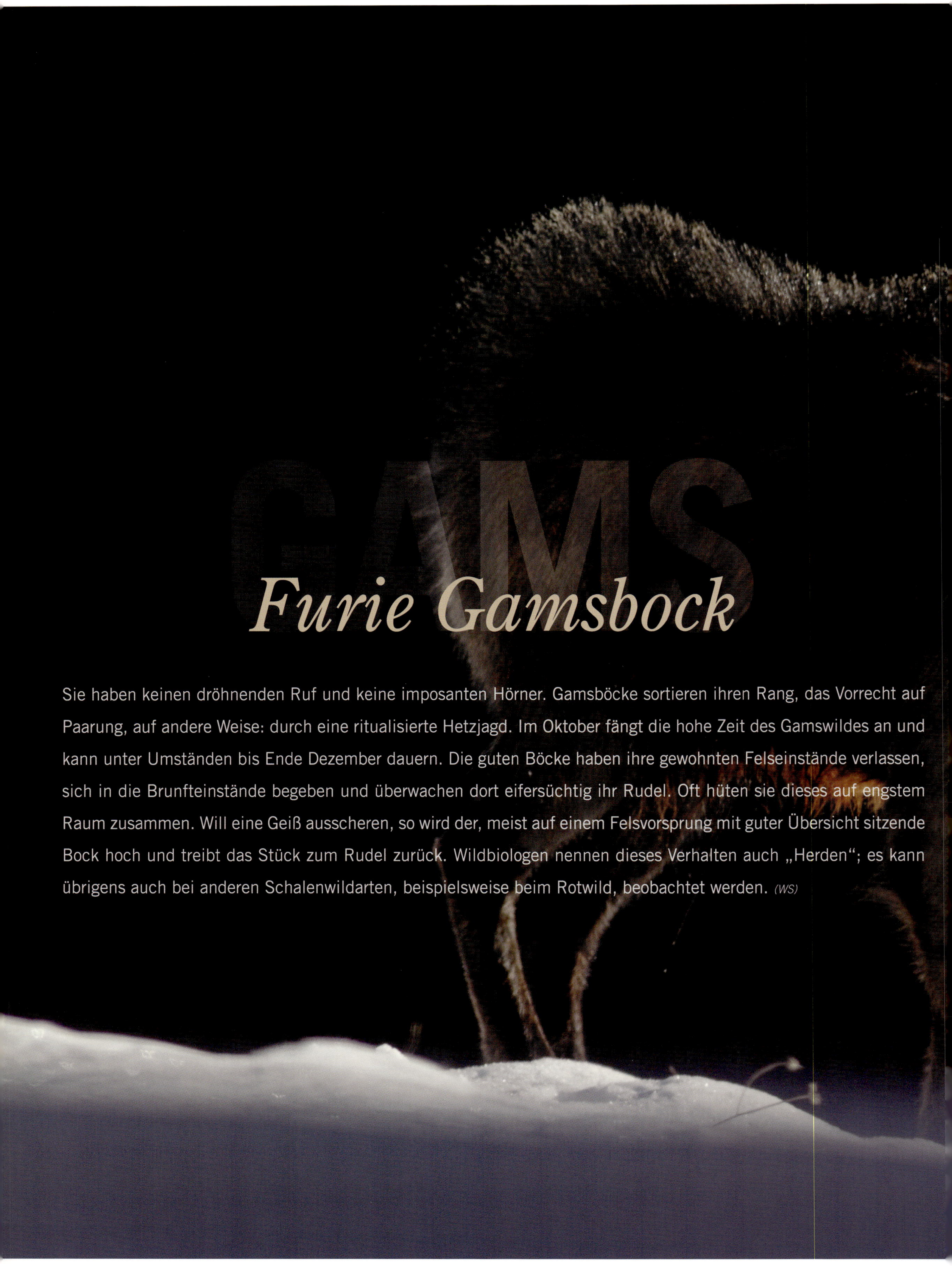

GAMS

Furie Gamsbock

Sie haben keinen dröhnenden Ruf und keine imposanten Hörner. Gamsböcke sortieren ihren Rang, das Vorrecht auf Paarung, auf andere Weise: durch eine ritualisierte Hetzjagd. Im Oktober fängt die hohe Zeit des Gamswildes an und kann unter Umständen bis Ende Dezember dauern. Die guten Böcke haben ihre gewohnten Felseinstände verlassen, sich in die Brunfteinstände begeben und überwachen dort eifersüchtig ihr Rudel. Oft hüten sie dieses auf engstem Raum zusammen. Will eine Geiß ausscheren, so wird der, meist auf einem Felsvorsprung mit guter Übersicht sitzende Bock hoch und treibt das Stück zum Rudel zurück. Wildbiologen nennen dieses Verhalten auch „Herden“; es kann übrigens auch bei anderen Schalenwildarten, beispielsweise beim Rotwild, beobachtet werden. *(WS)*

Schauspiel Gamsbrunft

Die klare Botschaft der mit ihrem dunklen Fell auf den exponierten Felsnasen weithin sichtbaren Gämsen zu Anfang der Brunft ist unmissverständlich: „Seht her, hier steht einer!", soll das heißen. Sie schauen nach anderen Böcken aus und nicht nach Geißen.
Alle Verhaltensabläufe nehmen nun an Intensität zu. Voller Erregung hornen sie mit ihren Krucken an Latschenästen; sie markieren mit den Duftdrüsen, den Brunftfeigen hinter den Hörnern, an dünnen Zweigen. Durch Brunftschütteln spritzen sie stinkendes braunes Sekret in den Schnee. Dabei werden die Böcke in den Vorderläufen weich, stellen den Bart auf, schwenken die Speckschicht am Rücken hin und her, immer schneller, bis der ganze Rumpf wackelt. Harn und Sekret fliegen dabei in die Flanken und verkleben den Bart am Rücken. Herrenparfum à la Gamsbock. Die Art der Auseinandersetzung ist stark vom Erregungsgrad der beiden Tiere abhängig. Es kommt schon vor, dass sich wenige erregte Böcke auf ein paar Meter mit aufgestelltem Bart gegenüberstehen, blädern, gelegentlich flehmen und markieren. Bei stärkerem Engagement kommt sofort Bewegung in die Böcke. Sie schnüffeln am Boden, werfen den Kopf hoch, schütteln sich und schleichen dabei, meist mit tief getragenem Kopf umeinander herum, ohne dabei einen gewissen Abstand zu überschreiten.
Gleich starke Böcke finden sich zu einem Imponierkarussell zusammen. Sie stehen dabei umgekehrt parallel zueinander, stellen den Bart auf, markieren und flehmen, sehen sich aber nicht direkt an. Jeder hat gehörig Respekt vor der Krucke des anderen, weicht mit dem Hinterteil aus, was den Rivalen zum Nachdrehen verleitet. Links herum, rechts herum dreht sich das Karussell. Plötzlich entsteht daraus eine Hetzjagd. Die Böcke stürmen bergab, oft über Felsen und Schrofen, dass der Schnee stiebt – wie der Teufel rast der Verfolger hinterher. Rettung liegt jetzt in der Flucht, denn wenn der Hintere den Vorderen zu fassen bekommt, hackelt er ihn gnadenlos, wo immer er ihn erwischt – in die Keule, in die Flanke. Doch das ist selten der Fall.
Um Oberhand zu gewinnen, läuft der Fliehende in einem Bogen wieder bergauf, wirft sich herum und attackiert nun seinen Verfolger, der nun seinerseits flieht. Beim Rollenwechsel prallen die beiden schon einmal aufeinander, doch eher aus Versehen. *(WS)*

GAMS

Halsbrecherische Hetzjagd

Die Verfolgungsjagd kann ein paarmal hin und her gehen und dauert manchmal minutenlang. Dabei können die Rollen auch mehrmals vertauscht werden. Auf große Entfernung sieht man die zwei Böcke in Halbkreisen am Hang rasen, wobei an den Wendepunkten jeweils der Verfolger zum Verfolgten wird. Hauptdarsteller werden zu Statisten, der Jagende zum Gejagten. Wahrlich ein imponierendes Schauspiel der Furie Gamsbock.

Dabei scheinen die treibenden Böcke die Schwierigkeiten des Geländes nicht zu bemerken. In steilem Fels geht manche Hetzjagd bergab. Für menschliches Reaktionsvermögen ein Ende im freien Fall.

Wie aber lässt der Bock bei unausgeglichenem Kräfteverhältnis seine Übermacht spüren? Einem zu aufdringlichen Jungbock zieht der Starke mit aufgestelltem Bart markierend entgegen. Das genügt meistens schon, um den Jüngling zum Rückzug zu bewegen. Lässt dieser sich nicht auf Anhieb einschüchtern, so startet der Platzbock zu einem rasenden Angriff und der Jüngere sucht im Eiltempo das Weite. Kurz und schmerzlos ist diese Brunftveranstaltung. Der überlegene Bock bleibt schon nach kurzer Zeit stehen, schaut dem davonlaufenden nach, schüttelt sich und kehrt mehr oder weniger schnell an seinen vorigen Stand zurück.

Der Gewinner stellt sich als Platzbock zu den Geißen. Das Engagement in den Rangkämpfen hat aber seinen Preis. Böcke verlieren viel Gewicht, ausgerechnet am Winteranfang – das gefährdet das Überleben in der harten Zeit. Erfolgreich ist, wer öfter Platzbock ist und somit Vater vieler Kitze.

Umso bemerkenswerter ist diese Tatsache in Anbetracht der nur ein bis zwei Tage dauernden Fruchtbarkeit der Geiß. In dieser Zeit duldet sie den Körperkontakt des Bockes. Dieser seinerseits veranstaltet ein majestätisches Zeremoniell, um der brunftigen Geiß zu imponieren und sich ihr nähern zu können. Am Geruch des Harns erkennt der Bock, ob die Geiß paarungsbereit ist, deshalb kontrolliert der Brunftbock auch den Harn der Geißen. Kommt es nach dem Aufreiten und der Ejakulation nicht zur Befruchtung, wird die Geiß nach rund drei Wochen abermals brünftig. Die Brunft kann sich somit unter Umständen recht lang hinziehen.

Eine Besonderheit hat das Verhalten der Gamsböcke während der Brunft gegenüber anderen Wildtieren. Zum einen findet die Brunft in einer Jahreszeit statt, in welcher die Nahrung knapp ist. Böcke können auf Grund dieser Nahrungsknappheit und der übermäßigen Verausgabung bei der Hetzjagd bis zu einem Drittel ihres Körpergewichts verlieren.

Nachfolgende Ausfälle solcher Böcke, die hochaktiv am Brunftgeschehen teilnehmen, sind nicht selten.

Zum anderen sind die Kämpfe nicht ritualisiert, wie bei anderen Wildarten. Der Kampf zweier starker Brunfthirsche gleicht einem ritterlichen Turnier. Es scheint, als ob die Regeln, die für den Kampf gelten, ausgemacht seien. Der brunftige Gamsbock hingegen vergisst im Brunfttrieb das Adelsgeschlecht und schlägt gnadenlos zu. *(WS)*

GAMS
Seitenblicke

Seltener Gast

Wildtiere, die das gewohnte Lebensraumbild von Menschen verändern oder gar stören, werden nicht gerne gesehen, das gilt auch für die Jägerschaft. Zu dieser Art von Wild gehört das Muffelwild. Es passt nicht in das Bild einer autochthonen Landschaft. Ansiedlung und Verbreitung werden genau unter die Lupe genommen. Sollte sich eine Population entwickeln, wird diese entnommen. In Südtirol gibt es kein gesichertes Muffelwildvorkommen. Die sporadische Anwesenheit und der Abschuss einzelner Mufflons in der Provinz Bozen konzentrieren sich auf das Gebiet der Seiser Alm. Diese Individuen sind einfach aus dem benachbarten Gebiet der Provinz Trient eingewandert. Hier gibt es im Jagdbezirk Val di Fassa einen Muffelwildbestand bestehend aus ca. 400 Stück (im Jahr 2002); 19 % davon (77 Stück) wurden im selben Jahr zur Strecke gebracht. In der Provinz Trient wurde Muffelwild erstmals Anfang der 70er Jahre des vorigen Jahrhunderts ausgesetzt. Der momentane Bestand wird auf 700 Stück geschätzt. In der Provinz Belluno wurde das Muffelwild in der Mitte der 70er Jahre ausgewildert. Ursprünglich aus jagdlichen Interessen in einzelnen Gegenden eingesetzt, hat sich diese Wildart an die verschiedensten Gebiete angepasst und je nach Bejagungsintensität unterschiedliche Dichten erreicht. Die unkontrollierte Vermehrung und Ausbreitung wird von der Jagdbehörde unterbunden. Im Zuge der Zählungen im Jahr 2001 wurden 806 Stück Muffelwild nachgewiesen; der Abschuss desselben Jahres beläuft sich auf 153 Individuen. In Tirol sind aus historischen Gründen einige wenige Kolonien anzutreffen, in der Schweiz lebt eine kleine Herde. Das Rudelwesen ist im Übrigen ein typisches Merkmal des Muffelwildes, weshalb die dem Muffelwild anhaftenden negativen Eigenschaften (Schälen, starkes Verbeißen) besonders gefürchtet sind. In Bayern hingegen hat Muffelwild jagdlich gesehen eine größere Bedeutung, immerhin beträgt die Muffelwildstrecke im Jahr 2007 rund 110 Stück. *(ST)*

ROTWILD

König der Wälder

Ein Blick auf die Körperform des Rothirsches genügt, um zu erkennen, dass er dichte Wälder eher aus Not und nicht aus Neigung als Lebensraum nutzt. Das hoch getragene Haupt mit dem sperrigen Geweih, der gerade Rücken, lange Läufe, eine mit kräftigen Muskeln bepackte Hinterhand und die tiefe Brust weisen ihn als Läufer aus, der sich bei Gefahr in raumgreifendem Troll in Sicherheit bringt. Die Urheimat dieses im Rudelverband lebenden Wildes ist denn auch in der savannenartig mit Bäumen bestandenen offenen Landschaft Asiens zu suchen. Die Ahnen der ein Geweih tragenden Hirscharten lebten vor über 20 Millionen Jahren. Es waren kahlköpfige Zwerge, die sich mit dolchartigen Eckzähnen im Oberkiefer Respekt verschafften. Beim heutigen Rothirsch sind diese Hauer zu Grandeln verkümmert, geblieben ist aber die Drohgebärde, einem Kumpan mit hochgezogener Oberlippe die Zähne zu zeigen. *(MM)*

ROTWILD

Auf schmalen Pfaden

DIE LANGE REISE DES ROTHIRSCHES

Vor 5 Millionen Jahren tauchten Frühformen der Geweihträger auf, und 3,5 Millionen Jahre später traten die Altwelthirsche auf den Plan, aus denen sich vor rund 500.000 Jahren der Rothirsch herauszuschälen begann. Diese relativ junge Wildart – das Reh ist eine wesentlich ältere Form – machte sich 400.000 Jahre später gegen Westen auf und eroberte allmählich Europa und Nordafrika. Dass Hirsche schon in der Steinzeit bejagt wurden, belegen Knochenfunde und lebensechte Darstellungen in Höhlen Frankreichs und Spaniens.

Aus der einen Art, Cervus elaphus, entwickelten sich sechs europäische Unterarten, deren Lebensraum von Mittel-Skandinavien bis Südspanien und vom Ural nach Schottland reicht. Durch unkontrolliertes Einkreuzen von Wapitis und Maralen zur „Aufartung", wie es in jüngerer Zeit von nach Kapitaltrophäen gierenden Revierbesitzern praktiziert wurde, ist die ursprüngliche mitteleuropäische Form in den meisten Regionen nicht mehr anzutreffen. Hirsche in osteuropäischen Biotopen neigen zur Bildung sogenannter Leitergeweihe, die alpenländischen zur Ausformung vielendiger Stirnwaffen mit einer Becherkrone.

Das Wohl und Weh des Hirsches ist eng mit der Geschichte Europas verwoben. In Zeiten des Krieges, der Anarchie, des Hungers und des Umsturzes ging es auch mit dem Rotwild bergab. Die mit der feudalen Hochjagd verbundenen Verwüstungen ganzer Landstriche schürten den Hass der Bauern auf das Objekt adeligen Pläsiers und auf die noblen Jäger. In der Folge nahm die Wilderei zu gewissen Zeiten bedenkliche Ausmaße an. Da Hirsche zur Wanderlust neigen, haben sich aus gut gehegten Revieren meist junge Exemplare aufgemacht und dort, wo man es ihnen zubilligte, neuen Lebensraum erschlossen. In solchen wildleeren Regionen vermehrt sich eine Pionierpopulation besonders rasch und bringt, mangels Konkurrenz, starke Individuen hervor. Mitte des 19. Jahrhunderts waren die Vorkommen des Hirsches im Vinschgau praktisch erloschen, außer, wie es scheint, einem kleinen Restbestand am Glurnser Köpfl. Bei Meran fiel der vielleicht letzte Geweihte der Gegend um 1840. Mit dem Erstarken der Population im Engadin und im Münstertal wagten sich Kundschafter, später überwinternde Tiere über die Landesgrenze in den Vinschgau vor und halfen mit, dort einen neuen Bestand zu begründen, der dann in weitere Täler Südtirols ausstrahlte. *(MM)*

Zeit der Veränderung

Rothirsch in Europa

Der Rothirsch ist eine von insgesamt 16 Unterarten des Cervus. Seine Verbreitung ist zirkumpolar, aber auf die nördliche Hemisphäre begrenzt. Einbürgerungen gab es auch in Argentinien, Chile, Neuseeland und Australien. Das hat das enorme Kolonisationsvermögen und die hohe Konkurrenzkraft der ökologisch sehr plastischen Art unter Beweis gestellt. Das frühere Bild einer kontinuierlichen, allerdings ziemlich dünnen Besiedlung des bewaldeten Europas durch den Rothirsch ist durch menschliche Einflüsse stark verändert worden. Das Verbreitungsareal des Hirsches ist ungefähr auf 8 % des ursprünglichen geschrumpft. Die vier größten Vorkommen liegen in den Alpen, in Norwegen, im Donaubecken und in den Karpaten. Insgesamt leben in Europa etwa 300 Populationen auf einer Fläche von 540.000 km². Die Bestandsdichten sind sehr unterschiedlich. Mit Abstand die höchsten Werte werden in Schottland mit 10 Stück pro km² erreicht. Insgesamt ist dem Rothirsch in Europa durch menschliche Intervention der Großteil seines natürlichen Verbreitungsgebietes genommen worden. Die einst geschlossene Population ist zersplittert, viele Teilpopulationen sind von der Ausrottung bedroht. Andererseits gibt es sehr große Bestände mit einer sehr hohen Dichte. Die größten Probleme und die höchsten Bestände finden sich in den dicht besiedelten Industrieländern mit intensiver Forstwirtschaft (Schottland bildet eine Ausnahme). Die großräumigen Wälder des Balkans sind wesentlich dünner besetzt. Die biologische und territoriale Entwicklungsgeschichte des Rothirsches in Europa zeigt, dass das System Rothirsch-Umwelt dort am empfindlichsten getroffen werden kann, wo die natürlichen Regulationsmechanismen außer Kraft gesetzt sind, die Population allein durch den Abschuss begrenzt wird und intensive Hege zu hoher Produktivität führt. Abschussänderungen bewirken Zu- und Abnahmen mit Zeitverzögerungen, aber die erforderliche Feinabstimmung der Population beherrscht der Mensch nicht. Am Rothirsch lässt sich das oft äußerst irrationale Verhältnis des Menschen zum Wild als Exempel statuieren. Kein anderes Tier wurde so verfolgt, gejagt, geschützt, gehegt, gefüttert, gezüchtet, „gegattert", gekreuzt, eingebürgert und wieder eingebürgert. Insofern bleibt auch die Frage offen, ob die zunehmende Einmischung der EU durch jagdliche Richtlinien den kulturellen und geografischen Besonderheiten von Lebensräumen gerecht werden kann. *(ST)*

Erfolgsmodelle

DIE ERFOLGE EINER BESONDEREN ART

Wie kommt es, dass der Rothirsch von ganz unten in den Donauauen bis weit über die Waldgrenze der Alpen hinauf zu finden ist, in mehr Höhenstufen als jedes andere Huftier?
Keine andere Hirschart ist auch geographisch so weit verbreitet, nicht Elch, nicht Reh, nicht Rentier. Rothirsche leben in Nordafrika, auf Korsika und Sardinien, den Britischen Inseln, dem europäischen Festland, in China, Tibet, im Iran, Kasachstan, Sibirien und Nordamerika. Der Rothirsch muss über besondere Fähigkeiten verfügen.
Christian Oswald, Wildbretimporteur und Jäger aus Bayern, hat sich dem Rothirsch verschrieben. Jahrzehntelang hat er aus allen Ecken der Verbreitung Geweihe, Skelette und Felle für sein Cervidenmuseum zusammengetragen, dem vollständigsten weltweit – ein Glücksfall für die Forschung. Mit molekularbiologischen Methoden konnte Christian Ludt von der Technischen Universität München anhand der DNS in den Geweihen die Entstehung des Rothirsches erhellen. Die molekulare Uhr, eine genetische Methode zur Berechnung des Zeitpunktes der Trennung von Abstammungslinien zeigt, dass vor etwa 7 Millionen Jahren eine Stammform im Hindukusch in Zentralasien sich auszubreiten begann, nach Osten und Westen, auf den damals entstehenden riesigen eurasischen Grasländern. Isoliert durch Entfernung und das Vor- und Zurückweichen der Gletscher – später in den Eiszeiten – bildeten sich bis heute 22 Unterarten heraus – vom Atlashirsch in Afrika bis zum Wapiti in Nordamerika. Letzterer hat vor 40.000 Jahren, als die Beringstraße trockengefallen war, die letzte Etappe der Ausbreitung vollzogen. Der Erfolg der Art hat mehrere Gründe. Die Stammform verfügte über ein leistungsfähiges, aber nicht zu spezialisiertes Verdauungssystem. Die Unterarten konnten sich damit gut verschiedenen Lebensräumen anpassen: der Steppe, dem Wald, dem alpinen Grasland oder Feuchtgebieten. Während in Kaltzeiten andere Tierarten ausstarben, trotzte der Rothirsch der Kälte durch Größe und blieb bei Mammut und Wildpferd. Er suchte auch in warmen Zwischeneiszeiten die Gesellschaft von Wildschwein und Reh, ja sogar die des Flusspferdes.
Als Lieblingstier auf dem Speiseplan der Wölfe entwickelte er durch Leben im Rudel eine erfolgreiche Feindvermeidung. Dieses flexible Verhalten half ihm auch, sich mit dem Menschen zu arrangieren. In manchen Waldgebieten, wo Hirsche stark bejagt werden, bekommt der Wanderer jahrein, jahraus kein Tier zu Gesicht, in Nationalparks hingegen zeigt er sich den Besuchern am hellichten Tag. *(WS)*

Hirschwanderung

Robert Schlöth, Direktor des Schweizerischen Nationalparks, erlebte manche Überraschung. In den Sechziger Jahren studierte er Hirschwanderungen, indem er weibliche Tiere mit selbstgefertigten Lederhalsbändern versah. Seine Tiere marschierten im Herbst aus dem höheren Park weit in die Täler hinaus, auch bis nach Südtirol, um im nächsten Jahr wieder zurückzukehren, Jahr für Jahr in denselben Einstand.

Anders als bei Zugvögeln, wo schon die Zugrichtung in den Genen liegt, läuft das Wandern über Traditionen: Kenntnisse über Einstände und Wanderkorridore werden vom Muttertier an das Kalb weitergegeben, das die Mutter über einen Jahreszyklus begleitet.

Der Wildbiologe Bertram Georgii sah, dass sich sendermarkierte weibliche Jungtiere in den folgenden Jahren in der Nähe der Mutter niederließen, männliche hingegen sind erkundungsfreudiger, sie schließen sich auch Hirschen in entfernteren Gebieten an. Georgiis Hirsche wanderten auch von Bayern hinein nach Tirol und zurück. Zwischen Sommer- und Wintereinstand können 100 km und mehr liegen. Wanderungen werden heute durch den Abschuss der Tiere gesteuert, meist unbewusst und ungewollt.

Das war auch im Schweizerischen Nationalpark so. Aus dem Park zogen die Hirsche erst mit dem ersten Schnee, als außerhalb die kurze Jagdzeit auf Rothirsche im September vorbei war – sie entgingen dadurch der Reduktion. Wer im Park geboren wurde, hatte somit einen selektiven Vorteil; dank der Wandertradition baute sich im Park ein hoher Bestand auf. Die Absicht, auch die Parkhirsche zu reduzieren, griff erst, als man eigens spätere Nachjagden durchführte, in der Zeit, als die Hirsche bereits aus dem Park gewandert waren.

Wie stark das traditionsgebundene Wanderverhalten von Rothirschen ist, zeigte sich, als der Forggensee am Lech im Allgäu aufgestaut wurde. Er überflutete etwa 1.000 ha Auen, natürliche Wintereinstände, in die Rothirsche aus den Alpen hinter dem Schloss Neuschwanstein Jahr für Jahr hinauszogen sind. Die Absicht, die Tiere an eigens eingerichtete Rotwildfütterungen zu binden, funktionierte anfangs nicht. Viele ältere Tiere schwammen hinaus, auf der Suche nach ihrem Winterquartier. *(WS)*

Tag und Nacht

LEBENSRHYTHMUS IM ROTWILDREVIER

Bei allen Schalenwildarten wechseln sich Aktivitätsphasen und Ruhepausen ab. Als sehr auf ihre Sicherheit bedachte Wiederkäuer füllen Hirsche rasch ihren Pansen, ziehen sich an einen ruhigen Ort zurück und liegen ab, um gründlich wiederzukauen. Zeitweilig dösen sie oder betten sich zum Schlafen hin, bis sie sich erneut zur Futtersuche aufmachen. Wo der Mensch nur wenig in seinen Lebensraum eindringt, kann das Wild Tag und Nacht einen ausgeglichenen Rhythmus von je 6 bis 8 mit Aktivitäten gefüllten Perioden einhalten, die zur Hauptsache der Nahrungsaufnahme dienen. Sind Störungen häufig, verlagert sich das Äsen mehrheitlich in die Nachtstunden und die Phasen dauern länger. Wenn der Morgen heraufdämmert, ist das Wild schon in seine Einstände gezogen, wo es den Tag verbringt. Sozialkontakten und der Körperpflege widmet es sich sowohl in der Ruhe als auch in aktiven Perioden. Kälber verbringen viel Zeit im Spiel mit ihresgleichen.
Nach dem harten Gebirgswinter zeigen sich die abgezehrten Tiere häufiger auf den sprießenden Wiesen, wo sie gierig am energiereichen Grün rupfen, um wieder zu Kräften zu kommen. Die werdenden Mütter brauchen zusätzliche Energie, um gesunde Kälber zu setzen und danach den Milchfluss zu gewährleisten. Die Kolbenhirsche benötigen gehaltvolle Nahrung für den rasanten Aufbau des Geweihs. In der Feistzeit sind die Roten wieder im Vollbesitz ihrer Kräfte und träge. Jetzt reichen geringere Futtermengen. Dementsprechend verlängern sich die Zeiten des Rastens. Man könnte es die Ruhe vor dem Sturm nennen. Im September erwachen die Hirsche aus ihrer Lethargie und sind viel auf den Läufen. Die Brunft hat begonnen. Während das Kahlwild weiterhin auf sein leibliches Wohl bedacht ist, nehmen die rastlosen Geweihten kaum etwas zu sich und verlieren in den turbulenten Wochen 30 kg ihrer angelegten Reserven und mehr. Diese gilt es vor dem Wintereinbruch wieder anzufüttern. Die tote Jahreszeit verbringt das Rotwild in einem traditionellen Winterquartier und versucht, haushälterisch mit seinem Fettdepot umzugehen. Es meidet anstrengende Wanderungen und bleibt, zumal wenn viel Schnee fällt, tagelang am selben Ort liegen, ohne Nahrung aufzunehmen. Wo im Winter gefüttert wird, verändert sich das Aktivitätsmuster. Das Wild bleibt in der Nähe der Raufen und wartet auf deren Beschickung.
Nicht nur der zweibeinige Jäger kann das artgerechte, regelmäßige Aufeinanderfolgen von Aktivität und Ruhe durcheinander wirbeln. Wo Wolf und Luchs nach Wildbret gieren, müssen die Beutetiere stetig auf der Hut sein und ihren Lebensrhythmus an die Bedrohung anpassen. Von Bedeutung ist auch die Ausstattung des Biotops, z.B. die räumliche Verfügbarkeit von Nahrung und deren Qualität sowie die Länge des Anmarschweges vom Einstand zu den Äsungsplätzen. In der Vegetationszeit wächst dem wenig anspruchsvollen Rotwild das Futter fast in den Äser. Im Herbst jedoch muss es die Nacht zum Tag machen und von seinen Schlupfwinkeln zu den Talwiesen hinabwandern. *(MM)*

BrunftHirsch

VOM RÖHREN, PARFÜMIEREN UND IMPONIEREN

Gegen Ende des Hochsommers beginnen sich die Feisthirschrudel aufzulösen und die Hochgekrönten machen sich auf den Weg zu ihren traditionellen, zum Teil weit entfernt liegenden Brunftplätzen. Das sind keine fest umschriebenen Örtlichkeiten, sondern Geländeabschnitte, wo im Herbst das Kahlwild zur Äsung zieht. Zu ihm gesellen sich die starken Hirsche. Als strenge Gebieter verteidigen sie denn auch nicht ein Revier, sie bewachen lediglich ihr Rudel und folgen ihm dorthin wo es das Leittier hin führt.

Mit dem König des Waldes ist eine auffällige Veränderung vor sich gegangen: Über der angeschwollenen Halsmuskulatur ist ihm eine Mähne gewachsen und auf der Stirne sprießen dunkle Locken. Kein Zweifel, der Brunfthirsch weiß sich in Szene zu setzen. Mit mächtiger Stimme macht er auf sich aufmerksam, verrät Freund und Feind, wo er zu finden ist und in welcher Gemütslage er sich befindet. Jäger unterscheiden eine ganze Reihe von Lautäusserungen: Der Platzhirsch schreit aus vollem Hals, mit ärgerlichem Unterton, droht, lässt beim Verjagen eines Rivalen den Kampf- und Sprengruf ertönen, stößt diskretere Laute aus beim Folgen einer Haremsdame und trenzt, knört und brummt im Bett. Der herumlungernde, ein galantes Abenteuer suchende Möchtegern-Casanova meldet sich mit Sehnsucht in der Stimme, und der Lehrling plärrt aus Freude an seinem scheppernden Diskant. Die wilde Herbstmusik dient der Kommunikation, bringt das Kahlwild in Paarungsstimmung und zementiert die Rangordnung. Ein Geweihter im Hochgebirge ist mit sechs Jahren ausgewachsen, taugt aber in gut strukturierten Beständen erst ein bis zwei Jahre später als Platzhirsch. Nur der reife Hirsch vermag ein Rudel zusammenzuhalten, verfügt über die nötige Kraft im Resonanzkörper, um seine Dominanz akustisch zu unterstreichen und um in Rufduellen Nebenbuhler einzuschüchtern. Am eifrigsten röhren Hirsche mittleren Alters, Senioren sparen ihre Kräfte für Wichtigeres. Sie treten als erste in die Brunft.

Botschaften und Informationen registriert auch die feine Nase. Hirsche forkeln die Grasnarbe, geraten in Erregung und spritzen mit Duftstoffen angereicherten Urin und Samenflüssigkeit gegen die Bauchdecke, auf den Boden und in Suhlen, wo sie sich wälzen. Derart parfümiert stellen sie sich in den Luftzug, der den Weibern und Heldenbassisten die Witterung zuträgt. Vermutlich erkennen sich Hirsche an ihrem Individualgeruch.

Will ein Geweihter herausfinden, wer im Dickicht röhrt, holt er sich erst einmal Wind. Im Urin und aus Drüsen rund um den Wedel sondern Hindinnen Botenstoffe ab, die den Platzhirsch und seine Rivalen auf den Plan rufen, wenn der Begattungszeitpunkt da ist. Um Ihre Paarungsbereitschaft auch äußerlich zu zeigen, halten die Tiere den Wedel waagrecht und weichen dem ihnen folgenden Platzhirsch nicht mehr aus. Während Laute und Düfte vor allem nachts von Bedeutung sind, spielt der Gesichtssinn tagsüber eine wichtige Rolle. Bereits auf Distanz beobachten sich Hirsche. Optisch gut erfassbar sind, neben der Größe und der Figur, blitzende Geweihenden und der Spiegel. Vor allem die sich bewegenden Artgenossen werden gut wahrgenommen. Im Nahbereich steht den Hirschen ein ausgefeiltes Repertoire an Gesten zur Verfügung, um beim Kahlwild Eindruck zu schinden und Konkurrenten einzuschüchtern. Dazu gehört das Imponieren. Man macht sich möglichst groß, stellt sich seitlich auf, röhrt herausfordernd, zeigt nickend seine Wehr, schlägt damit heftig in Äste und Gebüsch und paradiert gestelzt, ohne direkten Blickkontakt nebeneinander her. Lässt sich keiner entmutigen, explodiert die spannungsgeladene Stimmung. Blitzschnell senken sich die Häupter und die Waffen knallen zusammen. Oft bleibt es bei solchen Scharmützeln, weil einer klein beigibt und flieht. Gelegentlich kommt es aber zu kräftezehrenden Schiebekämpfen bis zur völligen Erschöpfung. Nicht selten bleibt der eine Kontrahent erstochen auf der Walstatt liegen. *(MM)*

GEWEIH

Mythos und Waffe

Dass der Hirsch jedes Frühjahr seinen Kopfschmuck verliert und diesen dann von Grund auf erneuert, hat die Menschen seit jeher fasziniert. Erst das Geweih setzt dem König des Waldes die Krone auf. Die mystische Verklärung des alljährlichen Knospens auf dem Hirschhaupt mag dazu beigetragen haben, dass Geweihbestandteile in der asiatischen Medizin Verwendung finden. Insbesondere das aus der Basthaut gewonnene Pantokrin enthält Geschlechtshormone und Aufbaustoffe. Einst spielte der Hirsch bei vielen Völkern eine herausragende Rolle, wurde als Gott angebetet und war ein Symbol der Erneuerung und der Wiedergeburt. Vor langer Zeit wurde eine wundersame Hirschjagd in einer indischen Sage verherrlicht. Aus dieser Überlieferung entstand die Eustachiuslegende, die später zur Hubertusgeschichte zurechtgebogen wurde. In der Feudalzeit war die Jagd auf den Geweihten ein Privileg des Adels. Auch heute noch ist die Erbeutung eines starken Trophäenträgers der Traum vieler Jäger und sie sind bereit, dafür viel Geld auszugeben. In anderen Kreisen schlägt dem Rotwild in diesen Zeiten blanker Hass entgegen, und vielerorts betreiben die Forstgrünen die Ausrottung des „Waldschädlings". Nach dem Verlust seines Geweihs muss sich der Hirsch rund 130 Tage gedulden, bis er wieder den Ernstfall proben kann. Wechselnde Tag- und Nachtlängen sind für die Ausschüttung von Testosteron verantwortlich, das, zusammen mit anderen Hormonen, den Geweihzyklus steuert. Kurz nach dem Wegbrechen der Stangen von ihren knöchernen Sockeln wölbt sich unter der Basthaut neues Gewebe empor. Nach zögerlichem Beginn wachsen die Kolben täglich zwei cm in die Höhe und verzweigen sich mehr-

mals, wie es der individuelle Bauplan vorsieht. Geweihform und Stangenstellung bleiben zeitlebens erhalten. Der Geweihknochen besteht aus 44 % organischen Bestandteilen und 56 % anorganischen, hauptsächlich Kalzium und Phosphor. Mit dem Sekret aus Duftdrüsen in der Basthaut setzt der Hirsch der Kommunikation dienende Geruchsmarken an Ästen und Büschen ab. Anders als die übrigen Organe ist der Kopfschmuck erst nach dem Veröden der Blutgefäße, also im toten Zustand gebrauchsfertig. Ohne Zweifel ist das Geweih eine Waffe. Es wird in ritualisierten Rivalenkämpfen eingesetzt, hilft Feinde abzuwehren und taugt als Werkzeug, wenn es gilt, Äpfel vom Baum zu schlagen, Siloballen zu öffnen, Schnee wegzukratzen oder das Fell zu pflegen. An der Länge der Stangen kann ein Kollege den Träger altersmäßig einstufen. Die Größe der Stirnwaffen ist aber nicht allein ausschlaggebend für den Fortpflanzungserfolg und die Stellung in der Hierarchie. Mehr ins Gewicht fallen Alter, Erfahrung, Charakter und Durchsetzungsvermögen. Im Kampf in steilem Gelände ist ein großes Geweih eher hinderlich. Hier zählen Wendigkeit, eine erprobte Gefechtstaktik, Entschlossenheit und Mut. Im Gebirge sind es oft gerade die kapitalen Hirsche, die geforkelt auf der Walstatt liegen. Bis zum 9. bzw. 10. Jahr nehmen Geweihgewicht und Stangenlänge jährlich zu. Die Zahl der Enden ist meist im mittleren Alter am höchsten. Erst im Alter oder nach Krankheit und winterlichen Entbehrungen vermag der Hirsch nicht mehr ein starkes Geweih zu schieben, er setzt zurück. Wo möglich, sollten vor allem junge Hirsche und reife Trophäenträger erbeutet und die mittelalten geschont werden. Ein Hirsch ist erst mit sechs Jahren ausgewachsen. *(MM)*

REHWILD

Anmut und Wildheit

Als Felix Salten die Geschichte von Bambi, dem Rehkitz, schrieb, konnte er kaum ahnen, wie populär die Tiergestalt werden sollte und welch starke Emotionen sich an ihr entzünden würden. In seinem berühmten Zeichentrickfilm verfremdete Walt Disney das Wesen des getupften Tierkindes vollends und verlieh ihm menschliche Züge. Dies mag ein Grund sein, dass ein Großteil der Bevölkerung von unserer häufigsten wilden Huftierart völlig falsche Vorstellungen hegt und kaum etwas über seine Lebensweise weiß. Immer noch glauben viele, auf Grund seiner grazilen Gestalt und den sprichwörtlich sanften Augen auf einen ebensolchen Charakter schließen zu dürfen und sind sich nicht bewusst, dass Rehe oft rabiat mit ihresgleichen umgehen. Aber auch in Jagd- und Forstkreisen wird nur zögernd zur Kenntnis genommen, dass vieles, was als gesichertes Wissen galt und das Handeln bestimmte, nicht der Wirklichkeit entspricht. Auch heute noch gibt uns das Reh Rätsel auf. *(MM)*

DER HIRSCH DES KLEINEN MANNES

Unter den 50 Hirscharten gehört das Reh zu den ältesten und hat sich seit dem Miozän in genetisch fast unveränderter Form erhalten. In seinem riesigen eurasischen Verbreitungsgebiet haben sich lediglich einige wenige, geringfügig voneinander abweichende Unterarten entwickelt. Der Hirsch des kleinen Mannes ist ein klassischer Kulturfolger und hat sich erst entfalten können, als der Mensch der grünen Lunge Europas großflächig zu Leibe rückte und rehtaugliche Lebensräume schuf, einen Flickenteppich von Weiden, Wiesen, Feldern Buschinseln, Gehölzen, Hecken und Wald. Bei Gefahr sucht die sprintstarke, aber wenig ausdauernde Wildart durch schnelles Untertauchen in der nächsten Deckung der Verfolgung zu entkommen. Längst haben Rehe das Hochgebirge erobert, einige verbringen sogar den Winter ober der Waldgrenze. Andere tummeln sich in Stadtgärten und machen sich über Rosen und andere Zierpflanzen her. Im Gegensatz zum Rothirsch hat das Reh einen verhältnismäßig kleinen Magen. Bis zu 14 Stunden täglich beanspruchen deshalb Futteraufnahme und Verdauung. Als Konzentratselektierer bevorzugt es eine vielseitige, leicht verdauliche, eiweiß- und rohfaserreiche Äsung. Wenn die karge Zeit zu Ende geht, bevorzugen die zänkischen Tiere ein einzelgängerisches Dasein. Im Frühjahr verteidigen Ricken ihre Setzplätze gegen andere werdende Mütter, und die dominanten Böcke erobern sich ein Territorium, markieren es mit Duftstoffen und hetzen jeden Eindringling über die Grenze. Anders als die übrigen Wildwiederkäuerarten sind Rehe frühreif. Geißen setzen meist Zwillinge, seltener Drillinge oder gar vier Kitze. Selbst wenn der Bestand nach harten Wintern einbricht, dauert es nur zwei bis drei Jahre, bis er sich wieder erholt hat. *(MM)*

Zierliches Leichtgewicht

KURZPORTRÄT

Dem Wissenschafter ist das Reh unter dem Gattungsnamen Capreolus capreolus bekannt. In der zoologischen Systematik gehört der wiederkäuende Paarhufer zur Familie der Hirsche. Diese spaltet sich auf in zwei Unterfamilien: In der Gruppe der Echthirsche findet sich der Rothirsch, das Reh hingegen reiht sich unter die Trughirsche ein. Seine nächsten Verwandten, z.B. der Virginiahirsch oder der Pampashirsch ziehen ihre Fährten auf dem amerikanischen Doppelkontinent.

Als kleinste einheimische Huftierart ist das schlanke, zierliche Reh ein Leichtgewicht. Im Alpenraum erreichen Böcke ein Lebendgewicht von 27 bis 30 kg, Geißen sind rund 5 kg leichter. Im Allgemeinen sind Tiere im Gebirge schwerer als ihre Verwandten in tieferen Lagen. So brachten 1966 in der Schweiz untersuchte ausgeweidete Böcke aus der Höhenstufe von 400 bis 1.000 m im Mittel 18,5 kg auf die Waage, die in Lagen bis 1.400 m erlegten dagegen 20,5 kg. Über dieser Höhenlinie erbeutete Tiere waren wieder leichter. Das verhältnismäßig kleine Herz und die eher leistungsschwachen Lungen erlauben es dem Reh nicht, sich wie ein Rothirsch mit einer langen Flucht in Sicherheit zu bringen. Seine bewährte Strategie zur Feindvermeidung besteht vielmehr darin, bei Gefahr in der nächsten Deckung unterzutauchen. Rehe besitzen den typischen Körperbau des Schlüpfers: relativ kurze Vorderläufe und längere, abgewinkelte Hinterextremitäten. Von der überbauten Kruppe senkt sich die leicht aufgewölbte Rückenlinie zum etwa 70 cm hohen Widerrist ab. Diese anatomischen Eigenheiten bedingen eine kleinräumige Lebensweise. Meist halten erwachsene Tiere an ihrer einmal gewählten Heimat fest. Jungen Böcken vergällen die etablierten Herren ein Verbleiben an ihrem Geburtsort und zwingen sie zum Abwandern in Regionen, wo sie geduldet werden. Dabei legen die jugendlichen Emigranten oft erstaunliche Strecken zurück, wie anhand markierter Tiere festgestellt werden konnte.

Seitlich am anmutigen Rehhaupt sitzen große, in alle Richtungen bewegliche Lauscher, die feinste Geräusche auffangen. Die sprichwörtlich hübschen, dunklen Augen registrieren vor allem Bewegungen, erkennen deshalb aber den still verharrenden Jäger oft nicht. Hervorragend ausgebildet ist der Geruchssinn. Rehe orientieren sich vorwiegend mit der Nase, die es ihnen nicht nur erlaubt, Freund und Feind zu identifizieren, sondern ihnen auch in der Dunkelheit hilft, bevorzugte Äsungspflanzen aufzufinden. Alarmierte Rehe lassen als Warnlaut ein laut rülpsendes Schrecken oder Schmälen hören, das manchmal nicht enden will und das den Uneingeweihten an Hundegebell gemahnt. Mutter und Kitz finden mit fiependen Kontaktlauten zueinander, die ebenfalls in verschiedenen Modulationen von der brunftigen Geiß ausgestoßen werden, wenn sie einen Galan auf den Plan rufen will oder von einem stürmischen Verehrer bedrängt wird. *(MM)*

SEID FRUCHTBAR UND MEHRET EUCH

Rehe paaren sich in der Zeit der Hundstage und vergessen dann oft in der Hitze des Gefechts ihre sonstige Vorsicht. Wenn ein dominanter Bock der Vererberpflicht in seinem Einflussbereich nachgekommen ist, zieht er auf die Suche nach weiteren galanten Abenteuern und verlässt sein Territorium. Das Werben um ein weibliches Tier dauert mehrere Tage, bis sich die Umworbene gefügig zeigt. Stürmte sie anfänglich noch wild davon, mit dem Bedränger dichtauf, verfällt sie jetzt in einen langsamen Zotteltrab, beschreibt schließlich einen Kreis und bleibt nach einigen Runden geduckt stehen. Der Bock legt sein Kinn auf ihre Kruppe und reitet auf. Nach wenigen Sekunden ist das löbliche Werk vollbracht und das Hochzeitspaar legt sich für eine Ruhepause ins Kraut. Oft wiederholt sich dann der Beschlag noch mehrmals. Befruchtete Eizellen nisten sich in der Schleimhaut der Gebärmutter ein, entwickeln sich aber vorerst nicht weiter. Erst nach einer Eiruhe von 4 ½ Monaten entwickelt sich die Leibesfrucht und kommt im folgenden Mai zur Welt. Genauso wie sich Böcke um Einstände Gefechte liefern, befehden sich Rehgeißen, wenn es um geeignete Orte geht, wo die Geburt stattfinden soll. Von Vorteil sind Deckung, Schutz vor der Witterung, Äsung und Sicherheit vor Störungen. Erst wenn die angehenden Mütter ihren Platz gefunden haben, wird die Geburt eingeleitet. Meist bettet sich die Ricke in Seitenlage hin und steht auf, wenn die Frucht ganz ausgepresst wird. Kurz nach dem Gebärakt wird der Mutterkuchen ausgeschieden und verzehrt. Ist es bei Erstgebärenden meist nur ein Kitz, setzen ältere Mütter in der Regel Zwillinge, gelegentlich Drillinge. Bereits nach einer Stunde stehen die Winzlinge auf wackeligen Läufen und suchen nach der Milchquelle. Dann entfernen sie sich aus eigenem Antrieb in verschiedene Richtungen, liegen ab und verharren reglos, bis sie von der Mutter zum Säugen aufgesucht werden. Dies geschieht mehrmals am Tag. Bei Gefahr ducken sich die in einem getupften und die Konturen brechenden Tarnanzug steckenden Kitze ins Gras. Dieses Verhalten ist ihnen angeboren. Da sie dazu kaum einen Eigengeruch verströmen, entgehen sie oft der Entdeckung ihrer Fressfeinde. Nach zwei Wochen führt die Ricke ihre Zwillinge zusammen und diese lernen sich erstmals kennen. Zwar kommen etwas mehr Bockkitze als weibliche Tiere zur Welt, doch gleicht sich das später wegen der höheren Sterblichkeit der männlichen Nachkommen wieder aus. Viele Kitze erleiden den Mähtod, andere fallen dem Fuchs zum Opfer und nicht wenige erliegen der Belastung durch Eingeweideparasiten und der Nässe und Kälte in manchen Frühsommern. Im Spätherbst hat der Nachwuchs fast schon die Körpermasse der Mutter erreicht, ist aber noch auf ihre Führung angewiesen, insbesondere im Gebirge. Im Lauf der ersten Lebensmonate verschwindet die Sprenkelung des Jugendkleides. An ihrem kurzen, runden Kopf und an ihrer feineren Gestalt lassen sie sich aber auch im Winter von den erwachsenen Tieren abgrenzen. *(MM)*

Immer auf der Hut

FEINDE UND KONKURRENTEN

Nach einem leckeren Rehbraten gieren nicht nur Zweibeiner in knarrenden Pirschstiefeln, auch Räuber auf leisen Branten stellen dem Feld-, Wald- und Wiesenbewohner nach. Ein sehr versierter Jäger ist ohne Zweifel der Luchs, der es meisterhaft versteht, in einem Hinterhalt zu lauern, um dann, wie aus der Pistole geschossen, im Sprint ein ahnungsloses Reh zu überrumpeln. Dort, wo das Pinselohr die Wälder unsicher macht, sinkt der Rehbestand, und das Wild legt ein überaus vorsichtiges Verhalten an den Tag. Seit der Wolf wieder in viele Teile seiner angestammten Heimat zurückgekehrt ist, erwächst den Rehen ein zusätzlicher Fressfeind. Wenn die ungemein ausdauernden Grauhunde in Rudeln auftreten, hetzen sie ihr Opfer, sich gegenseitig ablösend, zu Stande. In ihrer alpenländischen Heimat treten die Neubürger vorerst noch mehrheitlich als Einzelgänger auf und versuchen ihr Jagdglück als Schleichjäger. Eine Geißel für die Wildbahn sind fraglos die domestizierten, wildernden Nachfahren Isegrims. Wo ihnen nicht das Handwerk gelegt werden kann, schaffen es die meist stumm jagenden Köter, ein Revier leerzufegen, besonders wenn sie als Duo oder Trio unterwegs sind. Schlecht beaufsichtigte Hunde von Spaziergängern betätigen sich als Gelegenheitsdiebe und meucheln hochträchtige Ricken und ihren frischgesetzten Nachwuchs. Oft unterschätzt wird die Rolle des Fuchses. Auf einer norwegischen Insel rissen Füchse von 44 besenderten und markierten Rehkitzen deren 21. Die Erbeuteten waren vorwiegend männlichen Geschlechts, vermutlich weil Bockkitze sich mehr bewegen als ihre Schwestern. An erwachsenen Rehen vergreifen sich die roten Strauchdiebe seltener und meist dann, wenn die feingliedrigen Tiere im frischgefallenen Schnee nicht mehr vorwärts kommen. In ihren ersten Lebenswochen fallen Kitze auch dem Dachs und den alles fressenden Wildschweinen zum Opfer. Auch aus der Luft sind sie bedroht. Wo der Steinadler seine Kreise zieht, verendet als Gelegenheitsbeute das eine oder andere Kitz in seinen Klauen. Auch der unvergleichliche Nachtjäger, der Uhu, trägt ab und zu einen getupften Winzling zu seinen wartenden Nestlingen.

Einen hohen Tribut verlangt der Verkehr auf Schiene und Straße. Da im Gebirge die Heuwiesen erst im Hochsommer geschnitten werden, ist dort der Anteil an vermähten Kitzen geringer als im Flachland. Wegen des ausufernden Wintersports werden Rehe aus sonnigen Südlagen in klimatisch ungünstige, nahrungsarme Zonen abgedrängt, was die Fallwildzahlen in die Höhe treibt. Zusätzlich machen ihnen Hirsch und Gams die Äsungsgründe streitig. *(MM)*

SOMMER UND WINTER

Das Klima in den Alpen ist oft hart und von beachtlichen Temperaturschwankungen gekennzeichnet. Im Lauf der Jahrtausende haben sich die hier lebenden Wildtiere an die Witterung angepasst. Ihr Haarkleid hüllt Rehe in einen Nässe, Kälte und Schmutz abweisenden Mantel, schützt die Haut vor Verletzungen durch Dornen und Gestrüpp und verhindert eine übermäßige Bestrahlung der Körperhülle mit ultraviolettem Licht. Der Fell-Overall setzt sich aus Woll- und Deckhaaren zusammen. Die feineren, gekräuselten Wollhaare enthalten im Gegensatz zu den längeren Deckhaaren kein Mark und bilden in der kalten Jahreszeit ein dichtes, hervorragend gegen Kälte und Wind isolierendes Vlies. Zweimal, im Herbst und im Frühling, wird das Haarkleid gewechselt und damit ändert sich auch die Färbung. Im Winter stecken die Rehe in einer unauffälligen, beigegrauen Robe. Unübersehbar ist der sich zur prächtigen, schneeweißen Blume entfaltende Spiegel des erregten oder misstrauisch abgehenden Rehs, der auf Artgenossen alarmierend wirkt. Dieser helle Haarbezirk um die Analgegend ist bei Böcken nierenförmig und zeigt bei Geißen die Umrisse eines Herzens. Zusätzlich wachsen weiblichen Tieren verlängerte Haare an der Scheide und verleihen ihnen ein Geschlechtsmerkmal, das in der Jägersprache Schürze heißt. Im Winterkleid sind die langen Pinselhaare des Bockes ein ins Auge springendes Detail und erleichtern das Ansprechen nach dem Abwerfen des Gehörns. Der bei dieser Hirschart verkümmerte Wedel ist äußerlich nicht sichtbar. Wenn Rehe nach der geselligen Winterzeit im Frühjahr wieder zu Einsiedlern werden, verschwinden diese Abzeichen fast gänzlich. Jetzt fällt das Winterhaar, am Kopf beginnend, in Fetzen aus, und die Tiere kommen nach einigen Wochen in der leichten, semmelgelb bis tiefroten Sommerdecke daher, die auffällig mit dem frischen Grün kontrastiert. Rehe allerdings erkennen diese Farbunterschiede nicht, da ihr Sehvermögen in diesem Bereich mangelhaft ausgebildet ist. Hautdrüsen zwischen den Klauen der Hinterläufe und in den Hinterlaufbürsten sowie in der Stirnlocke des Bockes sondern Botenstoffe ab und ermöglichen eine Kommunikation durch Gerüche. Mit diesen Sekreten markiert der Revierinhaber die Grenzen seines Reiches, und die Ricke hinterlässt Spuren ihres Wandelns.

Im Gegensatz zum Rothirsch hat das Reh einen verhältnismäßig kleinen Magen, der immer wieder gefüllt werden muss. Deshalb beanspruchen Futteraufnahme und Verdauung bis zu 24 Stunden täglich und zwingen die Tiere, geeignete Äsungsgründe aufzusuchen. Als Konzentratselektierer bevorzugen sie eine vielseitige, eiweiß- und rohfaserreiche Nahrung, die leicht verdaulich ist. Anscheinend besitzen Rehe auch Kenntnisse über vorkommende Heilpflanzen und verleiben sich diese gezielt ein, so z.B. die Knospen des Türkenbundes. Sind es im Sommer Dutzende von Äsungspflanzen, die vom Rehwild genutzt werden, schrumpft deren Zahl in der toten Jahreszeit naturgemäß auf eine Handvoll zusammen. Im Gebirge verbeißen die Hungrigen neben Nadelhölzern auch erreichbare Weichhölzer, ernähren sich von Dürrgras und Zwergsträuchern und verschmähen auch die gehaltvollen Flechten nicht.

Im Winter vereinen sich Rehe zu kleinen Sprüngen, die in den Alpen 10 bis 12 Tiere umfassen mögen. Weiter talwärts und in offenen Agrarsteppen schwellen diese Wintergesellschaften manchmal zu Großrudeln von 80 bis 100 Stück an. In deckungsarmen Landschaften fühlen sich Huftiere im Herdenverband sicherer, weil viele Artgenossen wachsam sind. Im Allgemeinen stellen sich Hochgebirgsrehe vor dem Wintereinbruch in klimatisch erträglicheren, tieferen Lagen ein, doch gibt es auch Spezialisten, die ganzjährig in den obersten Waldausläufern verharren. Wenn die karge Zeit zu Ende geht wächst die Unverträglichkeit, und die zänkischen Rehe bevorzugen wieder ein einzelgängerisches Dasein. Mehrjährige Böcke besetzen womöglich ihre Territorien vom Vorjahr und markieren die Grenzen ihres Einflussbereiches mit ihrem persönlichen Parfum. Da und dort bearbeiten sie zudem Bäumchen mit dem Gehörn, dass die Fetzen fliegen und scharren dazu den Waldboden mit den Vorderläufen auf. Diese Plätzstellen und die Duftmarken an der Vegetation verraten den Konkurrenten auf der Suche nach einer Heimstatt, dass der Einstand besetzt ist. Eindringlingen weist der Hausherr unerbittlich die Tür. Nicht selten duellieren sich gleichrangige Böcke um ein Territorium, und gelegentlich kommt dabei einer zu Tode. In gut besetzten Revieren sind es vor allem die Zweijährigen, die ohne ein eigenes Territorium auskommen müssen. Sie vagabundieren zwischen den Grenzen herum und warten auf ihre Chance, die dort kommen mag, wo Böcke frühzeitig bejagt werden oder ihr Leben auf den Verkehrsachsen aushauchen. Jährlinge werden von den territorialen Böcken meist geduldet, zumal die Jünglinge oft noch in Gesellschaft ihrer Mutter sind. Trächtige Geißen etablieren sich ebenfalls in favorisierten Einständen und prügeln schwächere Rivalinnen notfalls mit den Vorderläufen aus ihrem Dunstkreis. Im Gebirge sind die Grenzen der Bockterritorien nicht so fest umrissen wie im Tiefland. Im Laufe des Sommers beginnt auch in Hochlagen zartes, frisches Grün zu sprießen, und das wollen sich die Herren nicht entgehen lassen. *(MM)*

Gehörnt oder geweiht?

In Jägerkreisen hat es sich eingebürgert, den knöchernen Stirnbeinaufsatz auf dem Haupt des Rehbocks ein Gehörn zu nennen, obwohl es sich eigentlich um ein Geweih handelt. Geweihe bestehen aus anorganischen und organischen Knochenbestandteilen und werden bei den einheimischen Hirscharten jährlich neu gebildet. Beim Gehörn von Gams und Steinbock handelt es sich um permanent wachsende, auf beinernen Stirnzapfen sitzende Horntüten. Angesichts der unerhörten Formenvielfalt der im Verhältnis zur Körpergröße kleinen Stirnwaffen des Rehbocks haben sich in der Jägersprache charakterisierende Bezeichnungen eingebürgert. So gibt es Tulpen- und Lyragehörne, solche in Körbchen- oder V-Form, Gabler, Sechser, Kreuzböcke, fein oder grob geperlte Kronen, stark oder schwach ausgebildete Rosen und eine ganze Menge an abartigen Wuchsformen verschiedener Genese. Zu diesen zählen beispielsweise Korkenzieher-, Widder-, Frost-, Perückengeweihe oder eine verletzungsbedingte Mehrstangigkeit. Geweihe sind das Produkt ererbter Anlagen und der Einwirkung von Klima, Ernährung und Krankheit. Meist ist die Endenzahl auf sechs beschränkt, mitunter begegnet man aber auch Achter- oder Zehnerböcken. Beim Sechsergehörn gabelt sich die Stange zweimal und zeigt eine Vorder- und eine Hintersprosse. Jährlinge müssen sich mit kleinen Spießen ohne Rosen begnügen, schwachen Exemplaren wachsen lediglich Knöpfe. Gegen das Jahresende fällt der Kopfschmuck ab und bis in den Frühling sprießt unter der nährenden Basthaut ein neuer. Gegen Ende des Gehörnwachstums wird das weiche Gebilde durch die vermehrte Einlagerung von Mineralstoffen gehärtet. Dann löst ein Hormonschub das Fegeverhalten aus und der Bock entfernt den eingetrockneten Bast an Büschen und Bäumen. Die Stirnwaffen sind kein Rangabzeichen, aber in der Regel schieben Böcke ohne eigenes Territorium schwächere Gehörne.

Seit die Zunft der plastischen Skalpellanten und Faltenglätter die Neuordnung entgleister Gesichtszüge und die Entschlaffung des Silicon Valley in ihre Goldhändchen genommen hat und Hüllen über die morschen Knochen strafft, geraten auch ausgewiesene Experten und Mumienforscher ins Schwitzen und Grübeln, wenn sie das Alter ihrer Studienobjekte feststellen sollen. Ähnlich ging oder geht es da und dort immer noch zu bei der Beurteilung von Rehkronen durch erlauchte Gremien. Lodenkoryphäen bewerten mit Götterblick den Zahnabschliff, Dachrosen, Nasenscheidewände, Knochennähte und Rosenstöcke mehrjähriger Individuen und kreuzen dann deren Alter auf dem Bock-Lottozettel an. Heute ist die Erkenntnis gereift, dass sich nur Jährlinge am Gebiss zu erkennen geben. Das Alter lebender und toter mehrjähriger Böcke lässt sich nur an markierten oder sonst wie unverwechselbaren Tieren eruieren; alles andere sind grobe Schätzungen mit geringer Trefferquote. Im vergangenen Jahrhundert hatte sich die sogenannte Hege mit der Büchse durchgesetzt. Als Weiser für die Vererberqualitäten eines Bockes diente das Gehörn, an seiner Ausformung orientierte man sich und schuf ein Klassensystem wie bei Aschenputtel: „....die schlechten ins Kröpfchen!“ An Pflichttrophäenschauen hingen die Fehlabschüsse am Pranger, wurden mit einem roten Punkt bedacht und die unglücklichen Erleger gerügt, wenn sie einen zu jungen A-Klasse Bock geschossen hatten. Als untrüglicher Alterausweis wurde ihnen der Unterkiefer unter die Nase gehalten. Tempi passati! Für die Bejagung des weitverbreiteten Rehwildes genügt es heutzutage, wenn der Jäger einen Jährling von einem mehrjährigen Bock und ein Schmalreh von einer Matrone unterscheiden kann. Beim Anblick eines begehrenswerten Trophäenträgers sollte der Grünrock nicht zaudern und die Gelegenheit beim Schopf packen und sich seiner Beute freuen dürfen. *(MM)*

DAMWILD

Genügsamer Fremdling

Das Damwild ist genügsam und äußerst anpassungsfähig, aber es passt nicht in den alpinen Lebensraum, obwohl es von den Phöniziern und Römern als Park- und Jagdwild vorübergehend weit verbreitet wurde. Typisch ist es für den mediterranen Raum. Nach dem völligen Verschwinden dieser Wildart und dem vereinzelten Wiederauftauchen im Mittelalter, waren es vor allem die Auswilderungsaktionen während der letzten Jahrhunderte, die für zum Teil kräftige Bestände sorgten. In den Apenninen des toskanischen-emilianischen Raums findet man Herden von 15.000 bis 20.000 der in Rudeln bis zu 8 Individuen lebenden Tiere. Südtirol ist ein weißer Damwildfleck. Bisher sind zwei Erlegungen bekannt, dabei handelte es sich um Ausreißer aus Gehegen. Aus Belluno und Trient gibt es aus der freien Wildbahn auch nichts wesentlich Aufschlussreicheres zu berichten. Der Bestand ist nahezu Null. Aus den Nachbargebieten Tirol und Graubünden gilt es ähnliches zu vermelden. In Bayern hingegen betrug die Damwildstrecke 2007 rund 250 Stück. Im Vergleich dazu, wurden im Jahr 1997 rund 1.100 Exemplare erlegt. Der Damwildbestand in Deutschland bewegt sich bei rund 80.000 Tieren. Das Damwild ist wildmäßig zwischen Reh und Hirsch eingestuft. Zoologisch gesehen gehört es zur Familie der Hirsche (Cerviden). 70 kg Lebendgewicht und das schaufelartig aufgebaute Geweih zählen zu den Charakteristika des Sonderlings. *(ST)*

Neulinge und Sonderlinge

NEULINGE, RÜCKKEHRER, SONDERLINGE, ROTE LISTE

„Der Tod der Säugetiere" geistert als Schlagzeile oft durch die Medien. Die „Rote Liste" führt vom „Tasmanischen Teufel" bis zum „Iberianischen Luchs" Bilanz über die 1.140 bedrohten Säugetierarten auf der Welt. Eine große „Dunkelziffer" von 840 weiteren Säugetieren muss dazugerechnet werden. Über sie weiß man nicht genug, um die Situation richtig beurteilen zu können. Andererseits wird mit dem „Rotkäppchen-Syndrom" auf eine Entwicklung hingewiesen, die die Rückkehr der Großraubtiere signalisiert und Neuankömmlinge ankündigt. Der Zwiespalt der Empfindungen und Meinungen zieht sich wie eine Wildstrecke durch die Bevölkerung. Begeisterung, Angst, Verunsicherung machen sich neben Neuankömmlingen und Rückkehrern breit. Dabei tragen Neuankömmlinge die zwei Seiten einer Medaille mit sich: Einerseits Herzliches Willkommen, andererseits skeptisches, zurückhaltendes Beobachten, ja sogar feindliche Ablehnung. Das gilt für Mensch und Tier.

„Rückkehrer" haben es da ein wenig leichter. Sie sind von Fachleuten und auch vom breiten Publikum gern gesehene Darsteller einer vielfältigen Tierwelt. Rückkehrer waren schon einmal da und kehren lediglich in den schon bewohnten Lebensraum zurück. Zu den Rückkehrern zählen Wolf, Bär und Luchs.

Bei neuen Wildarten signalisieren die verschiedenen Bezeichnungen den Zwiespalt der Herzlichkeit: Neubürger, Neozoen, gebietsfremde Arten, invasive Arten. Wie für den Menschen, geht es auch für das Wild um die Eroberung, Besetzung und Verteidigung von Lebensraum. Angesichts der immer knapper werdenden Ressourcen ist das kein leichtes Unterfangen. Die Räume werden knapp und immer intensiver genutzt. Der Zuzug von neuen Tieren stößt bei Wild und Mensch nicht immer auf große Gegenliebe. Trotzdem werden in nächster Zeit einige Tierarten auch die heimischen Lebensräume besiedeln. Unter den Säugetieren werden in Mitteleuropa besonders drei Arten als Neubürger bezeichnet: Marderhund, Waschbär und Mink. Während der Mink sich eher im Norden aufhält, sind Marderhund und Waschbär schon weit vorgedrungen. Es gibt kaum noch ein Land in Mitteleuropa, in dem nicht das eine oder andere Exemplar gesichtet, erlegt, tot aufgefunden oder jedenfalls nachgewiesen wurde. Der stark genutzte und bewirtschaftete Kulturlebensraum bietet für die genannten Beutegreifer ein willkommenes Paradies, sich ein gemütliches und genussreiches Leben einzurichten. Nahrung gibt es reichlich und einfach zu haben und die natürlichen Lebensfeinde fehlen zum großen Teil. Auch Waschbären sind Kulturfolger. Sie sind mittlerweile in ganz Deutschland verbreitet und jagdliche Schonzeiten gibt es nur für führende Fähen. Die rasante Verbreitung dieser Neuankömmlinge kann zu einem unnatürlichen Missverhältnis mit den angestammten, heimischen Beutegreifern führen. Früher oder später wohl auch im gesamten Alpenraum. Wie auch immer: Wir werden unseren Lebensraum mit Neuankömmlingen und Rückkehrern teilen müssen. *(ST)*

Grenzen der Rückkehr

Obwohl die Alpen der größte naturnahe Raum Mitteleuropas sind, waren Großraubtiere daraus verschwunden, sieht man von einer nicht mehr lebensfähigen Kleinstpopulation von Alpenbären im Trentino ab. Es ist schon eine kulturelle Leistung, die anspruchsvollen Arten Bär, Luchs und Wolf wieder in den Alpen zu tolerieren. Viel hat sich geändert in der Einstellung der Menschen seit der Ausrottungsmentalität vergangener Jahrhunderte. Dass es überhaupt möglich ist, dass es diese weit wandernden Arten in den Alpen wieder gibt, deutet darauf hin, dass es auch heute noch Lebensraum gibt – in diesem am dichtesten besiedelten Hochgebirge der Welt. Es erscheint angebracht, aus den ersten Erfolgen heraus über die Grenzen der Rückkehr zu reflektieren. *(WS)*

Kein Platz für wilde Tiere

VISIONEN FÜR DIE ZUKUNFT?

Großraubtiere stoßen rasch an ihre Grenzen – ihr Raumbedarf übersteigt das Vorstellungsvermögen der meisten Menschen, auch das der Jäger, die gewohnt sind, im Raumbedarf von Rothirschen zu denken, einem Pflanzenfresser. Bei Fleischfressern ist der Raumbedarf eine ganze Größenordnung höher. Um es in der Denkkategorie der Jäger zu formulieren: Die Frage ist nicht, wieviele Luchse oder Wölfe sind in meinem Revier, sondern vielmehr, wieviele Reviere sind in einem Aktionsraum von einem dieser Tiere.

Noch gibt es keine konkreten Visionen über die Zukunft der Raubtiere in den Alpen. Am ehesten durchdacht ist dies bisher für den Braunbären. Die Bärenexperten Jörg Rauer und Felix Knauer haben die Ostalpen in ihrer Lebensraumeignung für Bären bewertet. Die Ergebnisse sind überraschend und ernüchternd: Die Ostalpen erreichen heute keine sehr hohen Werte in der Eignung. Am besten geeignet sind noch die nordöstlichen Kalkalpen, also jene Region, in der es der dort lebenden Bärenpopulation heute nicht gut geht, sowie das Gebiet im Ländedreieck Slowenien, Italien und Österreich.

Wo heute die Grenzen der Lebensraumeignung liegen, sieht man schon aus den Faktoren, die in das Bewertungsmodell eingehen: Waldanteil und Waldfragmentierung – darin stecken die weiteren Faktoren Straßendichte, Besiedlung und Einwohnerdichte.

Als Ziel geht man bei Bären von einer Metapopulation aus, von selbst tragenden Populationen in den am besten geeigneten Gebieten, welche durch gelegentliche Wanderungen vernetzt sind. Noch fehlen ausreichend Erfahrungen, um diese Vision auf eine Karte zu bringen.

Alle Großraubtiere sind anfällig für Verluste auf Straßen oder auf Eisenbahnschienen. Bären mit ihrer langsamen Reproduktion verkraften Verluste am schlechtesten.

Über Jahrhunderte, ja Jahrtausende hinweg, hat sich in Gegenwart von Großraubtieren ein System der Schadensbegrenzung herausgebildet: Das Einschließen der Haustiere in Pferch oder Stall in der Nacht sowie deren Begleitung durch Hirten am Tag, sehr oft mit Hunden, in manchen Gebieten mit Herdenschutzhunden.

In den Abruzzen, in denen sich Wölfe und Bären über die Zeiten gehalten haben, hat sich folgende Einheit bewährt: wenige Hundert Schafe, drei bis vier Schäfer und vier bis sechs Herdenschutzhunde mit Stachelhalsbändern, einem Halsband, aus dem die Nägel nach außen ragen, sodass es den Wölfen schwerfällt, den Hund am Hals zu packen.

Die Wildbiologin Petra Kaczensky hat Schäden an Haustieren, deren Verursacher und Methoden der Schadensverhütung in allen europäischen Ländern mit Großraubwild untersucht. Ihr Fazit: Die größten Schäden verursacht der Wolf, in Abstand gefolgt von Bär und Luchs. „Wolfstage" sagen die rumänischen Hirten zu jenen nebeligen Herbsttagen, an denen Wölfe die Hunde an einem Ende der Schafherde beschäftigen, während andere am anderen Ende zupacken.

Am anfälligsten ist das Schaf – es hat wirklich keine gute Feindvermeidung. Am pfiffigsten sind Ziegen. Es kommt vor, dass ein Bär in einen Stall eindringt, fünf Schafe reißt, während die Ziegen schon auf dem Dach stehen.

Am größten sind die Schäden und Konflikte heute dort, wo Großraubtiere vorübergehend weg waren und heute wieder zurückkehren. In diesen Gebieten sind die traditionellen Hütemethoden verschwunden, an ihrer Stelle gibt es die unbeaufsichtigte freie Weide. Das trifft auf die Alpen zu.

Heute gibt es nicht nur den Bauern mit seinen Haustieren, sondern eine große Zahl von Freizeit-Schaf- und Ziegenhaltern. Raubtiere können sich nicht weit bewegen, ohne über diese Versuchungen zu stolpern. Heute wird versucht, sich auf alte Methoden der Schadensverhütung zu besinnen. Schadensverhütung ist auch immer eine ökonomische Frage, die effektivsten Maßnahmen kosten Geld.

In einem gründlich durchdachten Konzept über den Umgang mit dem Wolf in der Schweiz, einer nach der Berner Konvention „streng geschützten Tierart", wird seine Ausbreitung skizziert: Zuerst wandern junge Wolfsrüden zu, sie bleiben in wildreichen Gebieten, dann folgen junge Weibchen, es beginnt die Paarbildung und Reproduktion, Rudel bilden sich oft in Schutzgebieten, dann folgt eine flächige Ausbreitung mit einer jährlichen Zunahme von 20 bis 30 %. Heute ist die Schweiz in der ersten Phase. Wo in den Alpen die tragbare Grenze für Rudelbildung und flächige Ausbreitung liegt, ist noch nicht abzusehen. Hier muss noch viel experimentiert und ausgelotet werden.

EINSTELLUNG DER MENSCHEN

Der Experte Marcel Hunziker hat die Haltung der Bevölkerung gegenüber dem Wolf untersucht. Seine Erkenntnisse lassen sich auf das Denken zu allen drei Großraubtieren in den Alpen übertragen.

Der traditionsorientierte Raubtiergegner sieht durch die Rückkehr der Verfemten die herkömmlichen Werte in Frage gestellt. Ihn treffen oft die Schäden. Diese Gruppe ist in der Minderheit, hat jedoch politisch Gewicht.

Der postmoderne Freund der Großraubtiere wohnt in der Regel in der Stadt. Für ihn symbolisiert die Rückkehr den Widerstand gegen Naturzerstörung unserer Zivilisation. Er nimmt Probleme in Kauf.

Der ambivalente Befürworter von Raubtieren fühlt in der Rückkehr von Wolf, Bär und Luchs die eigene Gespaltenheit zwischen traditionellen Werten und der Suche nach neuer Orientierung. Dies ist die größte Gruppe in der Bevölkerung. Sie befürwortet die Rückkehr grundsätzlich, schwankt jedoch, wenn sie mit konkreten Problemen konfrontiert wird.

Die Rückkehr von Großraubtieren in die Alpen ist kein Selbstläufer. Mit naiver Tierliebe und der Hoffnung auf ein „ökologisches Gleichgewicht" ist es nicht getan. *(WS)*

BRAUNBÄR

Bäriger Zeitgenosse

Im Jahr 1971 schoss ein Jäger in Osttirol einen Braunbären auf ganz legale Weise – der Bär war zum Abschuss frei, Bären wurden damals in Österreich nicht geduldet. Dieser Bär ist nicht umsonst gestorben: Sein Tod war ein Wendepunkt in der Einstellung des Menschen zu diesem Raubtier. Dem Jäger flog Kritik um die Ohren, Sinnhaftigkeit und Notwendigkeit des Abschusses wurden von der Bevölkerung in Frage gestellt. *(WS)*

Am Bären festhalten

DER GRENZGÄNGER

Bären reißen Schafe, gelegentlich auch Rinder; deshalb gerieten sie in bäuerlichen Gesellschaften in Misskredit, ein Lebensrecht wurde ihnen nicht zugestanden. Dabei berührt gerade der Bär die Seele des Menschen. Kein Tier hat in den Jägerkulturen des Nordens größere Verehrung erfahren als er – bei den Sami in Skandinavien, den Nikhs in Sibirien, den subarktischen Indianern in Nordamerika oder den Ainu auf Hokkaido in Japan.

In den Alpen genoss der Bär als Jagdwild die Wertschätzung der Mächtigen, ganz anders als Wolf oder Luchs. Kaiser Maximilian von Österreich behielt sich das Recht vor, im Gebiet des Plansees in Tirol auf Bären zu jagen. Unsere Märchen und Sagen sind reich an Bärengeschichten: Ein Fräulein vom Schloss Pernegg (Bäreneck) begegnete einst im Wald einem Bären, den es mit ihrem Schleier so umgarnte, dass er es nicht betatzen konnte; das Fräulein blieb unversehrt.

Bär Bruno alias JJ1 hat auf seinen Wanderungen im bayerisch-österreichischen Grenzgebiet im Jahr 2006 die Herzen der Menschen berührt – bis hin zur New York Times konnte man über seine Eskapaden lesen. Doch es war nicht Tierliebe allein: als die eigens aus Finnland eingeflogene Fangmannschaft mit ihren bärenerfahrenen Hunden des an sich wenig scheuen Bären nicht habhaft werden konnte, war die Bevölkerung auf seiner Seite, hatte er es doch den dreimalklugen Bärenexperten gezeigt. Als er dann noch vor der Polizeistation in Kochel am See sich eine nächtliche Rast gönnte, waren Medien und Bevölkerung entzückt über diese Frechheit. Überhaupt hat es die Öffentlichkeit dem nicht sehr klug taktierenden Umweltminister aus München gegönnt, von einem Bären vorgeführt zu werden, hatte er doch den ersten Bären in Bayern seit 150 Jahren zunächst freudig willkommen geheißen, um ihn kurze Zeit später zum Abschuss freizugeben.

In den Alpen gibt es heute drei Bärengebiete. Im Trentino lebt heute ein Bestand von etwa 25 Bären. Hier hatten Alpenbären überlebt – sie waren Anfang der Neunziger Jahre auf einen Restbestand von weniger als eine Handvoll Tiere zusammengeschmolzen. Es stellt sich die Frage, warum ausgerechnet hier in der Brenta-Adamellogruppe Bären so lange überlebt haben.

Trägt man die Hinweise auf tote Bären aus den letzten beiden Jahrhunderten als Punkte in eine Karte ein, ergibt sich ein Schrotschuss mit Punkten auch in der Schweiz, in Südtirol und Österreich. Über die Zeit rücken die Punkte enger zusammen bis in den heutigen Naturpark Adamello-Brenta. Der Prozess der Ausrottung war hier einfach noch nicht abgeschlossen, als ein Gesinnungswandel zu Gunsten des Bären stattfand. Ein Grund, warum sich Bären hier so lange gehalten haben, liegt an dem ungewöhnlich breiten Waldgürtel; am Ostabhang der Brenta erstreckt er sich von 400 m im Nonstal hinauf auf über 2.000 m zur Waldgrenze, über steile, für Menschen schwer gangbare Hänge.

Als im Naturpark Adamello-Brenta Anfang der Neunziger Jahre im Rahmen eines Faunistischen Plans die Lage bewertet wurde, war klar, dass die letzten Braunen sich aus eigener Kraft nicht mehr aus dem Bestandestief erholen würden. Sehr alt und schon gebrechlich war eines der Weibchen, auf einem Auge blind ein Männchen. Die Aufstockung mit 10 Bären aus dem nächsten Vorkommen am Balkan war der Rettungsplan. Dazu musste zunächst auch das Bild vom heimlichen und unsichtbaren Brentabären in den Köpfen von Behörden und Bevölkerung ausgetauscht werden. *(WS)*

DIE STORY VOM ALPENBÄR

Wer eine lebensfähige Population von Bären will, muss Bären im gesamten westlichen Trentino jenseits der Autobahn Bozen-Verona akzeptieren, muss die Nachbarregionen verständigen, denn die Bären werden ausstrahlen. Dass einer dann gleich quer durch Tirol nach Bayern gehen würde, hat sogar Bärenkenner überrascht.

Seit der Plan umgesetzt wurde, gedeiht die kleine Population prächtig. Jungbären gibt es jedes Jahr. Alberto Stoffella, Jagdaufseher in Andalo, und seine Kollegen haben seither alle Hände voll zu tun. Sie beraten Imker, die ihre Bienenstöcke sichern und halten Bären von Komposthaufen fern. „Die Leuten mussten über Bärenverhalten dazulernen", sagt Stoffella. Einmal kam ein aufgeregter Anruf, man hätte einen Bären im Hof einer Pizzeria eingesperrt. Das Hoftor könne man getrost wieder öffnen, sagte er ihnen, „der Bär war hinten über die Mauer wieder draußen, bevor ihr das Tor vorne geschlossen hattet!"

Jurka, die Mutter einiger allzu frecher Jungbären, hatte eine gute Seite: sie zeigte deutlich, dass nicht jeder Bär für den Aufbau einer Alpenpopulation geeignet ist.

Weiter östlich, unweit von Wien, in den Nördlichen Kalkalpen, lebt der zweite Bärenbestand in den Alpen mehr schlecht als recht. Schon Anfang der siebziger Jahre zeigte der später legendäre Ötscherbär dort was er kann, lässt man ihn ungeschoren. Von Slowenien her kommend wanderte er nach Österreich, wo Jäger in der Nähe von Graz seine Fährte erstmals entdeckten. Er riss das eine oder andere Schaf, demolierte Rehfütterungen, zertrümmerte gelegentlich einen Bienenstock, bevor er sich am waldreichen Berg Ötscher niederließ, um über 20 Jahre ein zurückgezogenes Leben zu führen. Der Bär lehrte mehreres: Dass ein männlicher Jungbär die Alpen spielend an ihrer breitesten Stelle durchwandern kann, dass ein ungestümer Jungbär später sehr heimlich werden kann, sich die Bevölkerung an die Gegenwart des großen Raubtieres gewöhnt und dass ein Bär auch nach 20 Jahren Enthaltsamkeit noch weiß, was eine Bärin ist.

Das hat der Ötscherbär bewiesen, als der WWF Österreich 1989 ein junges Weibchen mit dem Laster von Kroatien in die Wälder seiner Wahlheimat transportierte. Es brachte nach angemessener Tragzeit drei Junge zur Welt. Noch zwei weitere Bären wurden freigelassen.

Möglicherweise ist noch der eine oder andere Bär auf eigenen Sohlen zugewandert.

Auch hier in dieser östlichen Bärenpopulation begann die Entwicklung anfangs erfreulich. Jörg Rauer, Bärenanwalt, ist schon mit dem Ötscherbären alt geworden, er hat einen guten Überblick und ist besorgt. Seit der Bestandesstützung sind über 30 Jungbären geboren worden, doch die Population steht heute auf wackeligen Beinen. An Hand der Haare an Kratzbäumen kann jeder Bär genetisch individuell identifiziert werden, auch seine zugehörige Mutter und sein Vater. In den letzten Jahren sind über 20 Bären spurlos verschwunden. Eine triftige Erklärung gibt es nicht, wohl aber einen Verdacht. Zusammen mit dem Jagdverband hat der WWF Österreich das Bundeskriminalamt zur Klärung der Frage eingeschaltet. Zumindest in einem Fall wurden die Fahnder fündig: Im Keller eines inzwischen verstorbenen Jägers steht ein Bär, ausgestopft.

Ein drittes Bärengebiet in den Alpen ist im nördlichen Slowenien mit Verbindung nach Österreich und Italien. Der Bestand ist klein, nicht mehr als 10 Tiere, fast nur männliche. Mit Schafhaltern im Gebiet gibt es erhebliche Konflikte.

Die Quellpopulation für alle Bären im östlichen Österreich liegt im Süden Sloweniens außerhalb der Alpen. Allein hier leben nach Schätzungen 300 bis 500 Braunbären mit Anschluss an weitere Bären in Kroatien. *(WS)*

KURZE FREIHEIT FÜR JURKA

Sie ist die bekannteste Bärin in den Alpen. Zur Aufstockung kam sie am 3. Mai 2001 aus Slowenien in den Naturpark Adamello – Brenta; hier wird sie im Toveltal freigelassen. Die mangelnde Scheu hat die Bärin schon aus ihrer Heimat mitgebracht. Auf einer Almhütte zur leichteren Beobachtung mit Hühnerfutter angefüttert, begann sie Hühnerställe aufzubrechen, eine für Bären eher seltene Gewohnheit. Den Geschmack für das Federvieh und weitere Unarten hat sie an ihre Jungen weitergegeben. Jurka wurde gefangen und besendert; nachdem alle Maßnahmen, sie zu erziehen, erfolglos waren, kam sie in ein Gehege.

RISIKOBÄR JJ3

Das zweite „J" steht für Joze, den Vater. JJ3 war ein Junges aus Jurkas drittem Wurf. Die Eltern konnten anhand der DNS bestimmt werden. Der 2006 geborene JJ3, der jüngere Bruder Brunos, wanderte im Juni 2007 in das Engadin. Wie von der Mutter gelernt, riss er Schafe und hielt sich nicht von Häusern fern. Im Gebiet des Albula-Passes wurde er daraufhin gefangen und mit einem Halsbandsender ausgerüstet. Überwacht und mit Licht, Lärm und Knallkörpern von Häusern und Schafen öfter vertrieben, ließ er nicht von seinen schlechten Gewohnheiten. Nachdem er in mehrere Hütten eingebrochen war, wurde er als Risikobär eingestuft. Am 14. April 2008 hat ihn ein Wildhüter abgeschossen. Sein jüngerer Bruder JJ4 lebt vergleichsweise unauffällig.

WOLF

Wer hat Angst ...

Ein Wolf ist ein Wolf. Doch den Wolf nur als Tier zu sehen, fällt uns schwer. Wir schreiben ihm bestimmte Charakterzüge zu: aggressiv, blutrünstig, hinterhältig. Doch sind dies menschliche Eigenschaften, die wir auf den Wolf projizieren. Das Bild als Bestie stammt aus Hirtenkulturen, in der der Schutz von Haustieren vor ihm lebenswichtig war. Anders ist sein Bild in Jägerkulturen, wie bei den subarktischen Indianern im Norden Kanadas. Dort gibt es heute noch den Wolfs-Clan, in der die Menschen sich mit dem Wolf als wesensverwandt betrachten. Sogar in der römischen Mythologie säugte die fürsorgliche Wölfin das ausgesetzte Brüderpaar Romulus und Remus. In den letzten Jahren hat sich das Bild des Wolfes bei uns wieder gewandelt: zum Symbol für die unberührte Natur. Er wurde zum Sympathieträger. Auch das Bild vom guten Wolf ist eine Projektion. Wölfe sind weder gut noch böse. Sind sie aber für den Menschen gefährlich? Dazu haben wir heute gute Studien: Wölfe sind scheu. Eine schwedische Forscherin konnte dies an sendermarkierten Wölfen zeigen. Die Wölfe wichen im Wald Versuchspersonen aus, als diese noch Hunderte von Metern entfernt waren. Diese Scheu ist bei Wölfen in Europa die Regel. Das ist die gute Nachricht. Eine weltweite Studie über Angriffe auf Menschen ergab jedoch auch – seltene – Ausnahmen. Die Gefahr eines Angriffs auf Menschen steigt dort, wo Wölfe ihre Scheu vor den Menschen verlieren. Wenn ihnen nicht mehr nachgestellt wird. Das ist die Kehrseite der Medaillie. Daraus folgt: Wer freilebende Wölfe im besiedelten Europa haben will, der darf ihnen nicht nur mit Freundlichkeit begegnen. Wölfe müssen scheu bleiben. *(WS)*

WOLF

RaubtierNatur

AUF DER SUCHE NACH LEBENSRAUM

Was ist nun die wahre Natur des Wolfes? Er ist ein auf große Beutetiere spezialisierter Räuber; jagt Rothirsch, Elch und Ren, Moschusochsen, Bisons, Wildpferde, Gazellen, auch Gämsen und Steinböcke. Der Wolf entwickelte seine besonderen Eigenschaften in mit Beutetieren reich gesegneten Landschaften. Eines seiner Merkmale ist das Leben im Rudel – unter den meist solitär lebenden Großraubtieren eine Ausnahme. Bis zu einem Dutzend und mehr Tiere kann ein Rudel ernähren. Vom Flugzeug aus beobachteten Wolfsforscher, dass sich nur drei bis vier Wölfe daran beteiligen, einen großen Elch zu Boden zu zwingen. Die anderen Mitglieder warten wie Perlen aufgefädelt. Offensichtlich ist die Gefahr, sich gegenseitig zu verletzen groß, würden alle Tiere des Rudels sich am Töten der Beute beteiligen.

Wie erfolgreich Wölfe sind, zeigt ihre weite Verbreitung rund um die Nordhalbkugel. Sie leben in Wäldern, Steppen und Tundren, im Schilf und in Wüsten. Auch im Hochgebirge sind sie zu finden, so lange es Huftiere als Beute gibt.

Wölfe betreiben eine wirksame Bevölkerungskontrolle. Sie begrenzen ihre Dichte durch territoriales Verhalten. Gelegentlich gibt es erbitterte Grenzkämpfe. Die beiden höchstrangigen Wölfe im Rudel – Alpharüde und Alphawölfin – unterdrücken die Vermehrung der anderen Rudelmitglieder. Junge wirft stets nur das höchstrangige Weibchen. Erwachsene Jungtiere verbleiben nur selten im Rudel, sie werden ausgestoßen und suchen sich neuen Lebensraum, dabei wandern sie oft weit: Ein in der Emilia-Romagna vom Auto angefahrener Wolf ist innerhalb eines Jahres bis Frankreich gewandert; in der Schweiz tauchen Wölfe auf, deren Genetik sie als Abkömmlinge italienischer Wölfe ausweist, auch ein unweit von München überfahrener Wolf stammte aus der italienischen Population.

Nur in den italienischen und französischen Alpen leben Wölfe ihrer Art gemäß in Rudeln, es sind nicht mehr als eine Handvoll. Die große Nachstellung zerstört Sozialverbände und verhindert eine raschere Ausbreitung. Für ein Raubtier wie den Wolf sind Haustiere leichte Beute. *(WS)*

132
133

LUCHS

Unnahbarer Beutegreifer

Verfolgt, verfemt, vergessen. Dem Luchs erging es nicht anders als Wolf und Braunbär. Gezielte Ausrottungsmaßnahmen haben den Bestand in Westeuropa auf Null gebracht, haben die Art ausgerottet. Seine Rückkehr auf leisen Sohlen beginnt in den 1970er Jahren; gezielte Wiedereinbürgerungen in der Schweiz, in Slowenien und in Österreich bringen das Raubtier in die Alpen zurück. Von dort aus beginnt seine langsame und mühsame Rückeroberung des Alpenbogens. Auch außerhalb der Alpen laufen Auswilderungsprojekte, viele davon leider heimlich und unkoordiniert. Freud und Leid reihen sich eng aneinander. Kaum zurückgekehrt, wird in der Schweiz und in Österreich schon wieder über Wildschäden und Risse an Schafen und Ziegen geklagt. Dabei erreicht der Luchs nur in einigen wenigen Gebieten seine optimale Siedlungsdichte. Einen Blick „abluchsen" kann man der Raubkatze unter anderem in Teilen der Nordwest- und der Südostalpen, dem Jura, den Vogesen, dem Harz und im Bayerischen Wald. In anderen Regionen der Alpen, so z.B. in Südtirol, hat sich der Luchs bislang nur sehr sporadisch blicken lassen. Aktive Wiederansiedelungen in den Zentralalpen wären für das alpine Erhaltungskonzept von großer Bedeutung, doch solche Aktionen sind ein heißes „politisches Eisen". Jäger und Kleinviehhalter sind dagegen. Von alleine kommt er aber nicht so einfach daher – Luchse sind im Gegensatz zu Bären und Wölfen eher schlechte Kolonisatoren. Sie überwinden nur schwer die vom Menschen erbauten architektonischen Barrieren wie zum Beispiel Autobahnen. Ansonsten kommt er in der vom Menschen gestalteten und zersiedelten alpinen Landschaft gut zurecht. Hohe Beutedichten an Schalenwild ermöglichen ihm ein gutes Überleben, sofern ihm auch noch einige Rückzugsgebiete bereit stehen. *(PM)*

Verschmitzter Räuber

Fleischfresser zu 100 %. Diese Stigmatisierung muss der Luchs auf sich nehmen. Er ernährt sich, von seltenen Ausnahmen abgesehen, ausschließlich aus dem von ihm selbst gerissenen Wild. Dabei bevorzugt er vor allem im Alpenraum Rehe, Gämsen und junges Rotwild, aber auch Feld- und Schneehasen, Füchsen und Murmeltieren ist er nicht abgeneigt. Wildschweine stehen nicht auf seinem Speiseplan, Raufußhühner sind bei uns zu selten und werden kaum geschlagen – im Gegensatz zu den nordischen Verwandten, die Auer-, Birk- und Haselwild, weil häufig, gerne erbeuten. Kurzum: Er jagt und frisst bei uns alles, was in seinem Revier an mittelgroßen Säugern häufig vorhanden ist. Manchmal vergreift er sich an Haustieren; daran glauben müssen dann meistens Schafe oder Ziegen. Die Schäden sind jedoch von lokalen Ausnahmen abgesehen immer gering. In den Augen der Bergbauern bleibt er jedoch ein rotes Tuch.

Die mandelförmigen großen gelborangen und nach vorne orientierten Augen sind das wichtigste Sinnesorgan des Luchses. Sie sind sechsmal lichtempfindlicher als Menschenaugen. Von ebensolcher Faszination sind seine Ohren. Ästhetisch und funktionell eine Sonderleistung der Evolution, verfügen sie über Hörqualitäten, die das Rascheln einer Maus noch in gut 100 Meter Entfernung hören. Die Haarpinsel an den spitzen, dreieckigen und bis zu fünf Zentimeter langen Ohren sind kein weidmännisches Beiwerk, sondern verstärken diese Fähigkeit, Lautquellen zu orten. Zudem dienen sie wahrscheinlich der intraspezifischen Kommunikation.

Die großen Pranken verhindern das Einbrechen im Schnee. Die messerscharfen Krallen werden während des Laufens sorgfältig in die Hauttaschen zurückgezogen. Deshalb fehlen sie bei Luchsfährten. In jeder Hinsicht ein an seinen Lebensraum perfekt angepasstes Raubtier, das allerdings für Menschen völlig ungefährlich ist.

Aktive Wiederansiedlungen werden stark debattiert. Die Schadensbefürchtungen sind groß, aber meistens unberechtigt. Präventionsmaßnahmen beugen Schäden an Haustieren vor; ein zukunftsorientiertes und modernes Jagdmanagement, welches sich von Schalenwild-Monokulturen distanziert, sollte einen Luchsbestand „ertragen" können. Aber der Luchs braucht auch viel Platz, durchschnittlich 100 bis 250 km² für sein Revier. Luchse sind territorial, nur weibliche und männliche Territorien überlappen sich. Untereinander gehen sie sich aus dem Weg. Zusammen mit den subadulten Luchsen können sie eine Dichte von einem Tier auf 100 km² erreichen. Diese Zahlen wurden in den Schweizer Nordalpen dank Telemetriestudien, also mit Senderhalsbändern ausgestatteten Luchsen, ermittelt.

Der Luchs bevorzugt große Waldareale mit dichtem Unterholz und zunehmend offene Landschaften; menschliche Siedlungen berührt er nur am Rande. Kleinräumlige Gliederungen durch Altholzinseln, Lichtungen, felsige Hänge und von Hecken und Gebüschen durchzogene Wiesen und Weiden bilden bei uns sein Optimum. Auch im tiefen Schnee bewegt er sich problemlos und er kann gelegentlich auf Wanderungen in felsigen Gebirgshöhen über 3.000 m vordringen. *(PM)*

Der Luchs hat sich zunehmend und erstaunlich gut an die vom Menschen gestaltete und genutzte Umwelt angepasst. Die ökologischen Voraussetzungen für eine weitere Verbreitung des Luchses sind grundsätzlich gut, schließt man die fehlende Vernetzung großer waldreicher Gebiete davon aus. Straßen, Autobahnen und weitere architektonische Barrieren sind oft ein unüberwindbares Handicap für diesen eher scheuen Besiedler. Weiters lasten auf der Raubkatze alte Vorurteile, die ein Zusammenleben erschweren; schließlich soll ja nach diesen der Luchs für die Ausrottung von Rehen und Gämsen verantwortlich sein. Dabei leben diese Arten auf unserem Kontinent seit mehreren Hunderttausenden Jahren zusammen. Das Miteinander von Räuber und Beutetier sowie von Wildtier und Mensch bedarf jedoch in unserer modernen, hektischen und zum teil stark zersiedelten Umwelt tatsächlich einer feinfühligen Tarierung. Erfreulich ist, dass der Luchs, zusammen mit Wolf, Baummarder, Braunbär, Fischotter und Wildkatze, in einer Kategorie von besonders schützenswerten Tierarten steht und langsam aber doch zunehmend von der alpinen Bevölkerung – auch von Jägern und Bauern – akzeptiert wird. *(PM)*

AUF LEISEN SOHLEN

Nach Bär, Wolf und Vielfraß ist die elegante Raubkatze Luchs das größte in Europa heimische Raubtier. Betrachtet man den Körperbau ohne Kopf und Hals, ist die Schulterhöhe nahezu identisch mit der Rückenlänge. Die Vorderbeine sind um einiges kürzer als die Hinterbeine – eine von der Natur konstruierte Beschleunigungsdynamik, die seine Jagdtaktik unterstützt. Mit einer Maximallänge von 120 cm – zusätzlich 20 cm für seinen Stummelschwanz – und einer Schulterhöhe von 60 bis 70 cm bringt der Luchs 25 bis 30 kg auf die Waage. Die Weibchen sind kleiner und reduzieren ihr Gewicht um rund 20 %. Über die Backenbartdekoration sind sich Fachleute noch nicht ganz einig. Sicher ist, dass der Luchs seinen ausgeprägten Backenbart weit abspreizen kann.

DER PERFEKTE JÄGER

Anschleichen, Anspringen, Zubeißen. Sollte das einmal nicht gelingen, legt der Luchs einen Sprint über 20 bis 30 m zurück, zieht seine Krallen raus und packt das Beutetier. Eine hohe Anzahl an Versuchen scheitern. Beißt er daneben, gibt sich der Luchs keine große Mühe. Er bricht die Jagd ab und lauert auf ein neues Beutetier. Hat er allerdings seine Beute erlegt, geht er sehr sorgsam damit um. Im ganzen Stück versteckt er seine Mahlzeit unter Ästen und Blättern und kehrt dann an den „gedeckten Tisch", solange der Vorrat reicht. Pro Mahlzeit verzehrt der Luchs zwischen 1 und 2,7 kg Fleisch. Mittelgroße Huftiere mit einem Lebendgewicht von bis zu 100 kg hat er auf dem Speiseplan. Und wenn der Luchs in seiner Ruhe gestört wird, verweigert er die Rückkehr zum gerissenen Tier.

JUNGE WILDE

Gezeugt werden die jungen Wilden zwischen Februar und April, da ist Ranzzeit. Paarungsstreit zwischen den Männchen kann es schon geben, wenn mehrere es auf das selbe Weibchen abgesehen haben. Nach 67 bis 70 Tagen Tragzeit kommen 1 bis 3, im Durchschnitt 2 und äußerst selten 4 Junge zur Welt. Abseits in einer Felshöhle oder einem Wurzelteller werden sie geboren. 240 bis 300 g bringen die kleinen, bereits gefleckten Katzen bei ihrer Geburt auf die Waage; sie sind behaart und ca. 15 Tage lang blind. Alleine werden sie von der Mutter fürsorglich betreut und bis zu 5 Monaten gesäugt. 4 Wochen lassen sie sich Zeit, bis sie die ersten Exkursionen vor dem Wurfplatz unternehmen. 3 bis 4 Monate dauert es, bis sie an den Beutetieren der Mutter mit fressen. *(PM)*

SCHWARZ WILD

Kaum zu bremsen

Im Dezember wäre normalerweise die Paarungszeit („Rauschzeit“) der Wildschweine. Das hängt mit der Notwendigkeit zusammen, den Nachwuchs in der geeigneten Jahreszeit zur Welt zu bringen: Die Trächtigkeit ist die kürzeste aller (europäischen) Huftiere und beträgt etwa vier Monate. Somit würden die Frischlinge im April zur Welt kommen. Dieser Monat ist ein ziemlich günstiger Zeitpunkt, auch in den Alpen. Die Rauschzeit ist intensiv und malerisch. Die bis dahin einzelgängerischen Keiler folgen den Rotten der Bachen, wobei sie Bäume und Sträucher mit der Drüse an der Oberlippe markieren und Schleimfäden absondern. Häufig kerben sie auch mit dem Hauer kleine, halbmondförmige Schnitte in die Rinde, das tun sie aber auch außerhalb dieser Zeit. Die Zweikämpfe sind heftig und brutal, aber nicht gefährlich: Der Keiler ist stets ein Kavalier. *(FP)*

Wilde Sippschaft

HEISSE GEFECHTE IN DER WINTERKÄLTE

Winter. In dieser Zeit ist die Rottenbildung am stärksten. Eine Wildschweinrotte besteht im Allgemeinen aus zwei bis sechs Bachen sowie den Frischlingen des Jahres. Das sind in etwa 20 Tiere, da einige Bachen auch nicht geworfen haben können: Für gewöhnlich handelt es sich hierbei um die etwa 12 bis 15 Monate alten Weibchen. Die einjährigen Männchen und auch das eine oder andere gleichaltrige Weibchen, immer aber ohne Jungen, bilden andere, kleinere Gruppen, während die erwachsenen oder deutlich älteren Tiere (die Keiler mit über sechs bis sieben Jahren) stets Einzelgänger sind und häufig außerhalb der Rotte leben. Während der Rauschzeit können die einjährigen Frischlinge aus der Rotte vertrieben werden. Diese sozialen Verhaltensweisen können ziemlich variieren. Sie werden nicht nur durch das Klima und den Beschirmungsgrad beeinflusst, sondern es sind vielmehr die Lebens- und Jagdbedingungen, die eine entscheidende Rolle spielen. Eine gute Rottenbildung wie die beschriebene ist in höchstem Maße dem Schutz des Nachwuchses dienlich, wobei einzelne Tiere als Nachhut und an den Flanken über die Rotte wachen. Andererseits wird diese ideale Formation häufig durcheinandergebracht, und zwar durch die Jagd und auch weil die Wildschweine mehr oder weniger zu allen Jahreszeiten geboren werden. Ein wenig positives Merkmal, weil die fehlende Synchronisierung der Paarungszeit und der Geburten auf jeden Fall zu einer ziemlichen Dezimierung durch natürliche Feinde führt (Wolf und andere). Es sind nicht die Kälte und der Schnee, die dem Wildschwein im Winter zusetzen. Entscheidend ist hingegen der Futtermangel bzw. die Schwierigkeit, Nahrung zu finden. Infolgedessen sind die Wildschweine nicht breit über ein Gebiet verstreut, sondern sie streifen in großen Gruppen auf der Suche nach geeigneteren Plätzen umher. Durch diese offensichtlichen Erfordernisse sind sie zu der Gattungsbezeichnung „streifendes Wild" gekommen, eine völlig unpassende Definition. Wo nämlich Wasser, Nahrung und Beschirmung (Macchia, dichter Wald) das ganze Jahr über in ausreichendem Maße vorhanden sind, streift das Wildschwein kaum. Eine reichhaltige Ernährung ermöglicht zudem eine außergewöhnliche Vermehrung, und zwar bis zu 200 % (normalerweise etwa 100 %) der noch nicht geschlechtsreifen Tiere, mit Würfen auch vor Vollendung des ersten Lebensjahres. *(FP)*

MERKMALE EINER „WILDEN SAU"

Frühling und Sommer. Die Bachen haben üblicherweise fünf Paar Zitzen und können somit bis zu zehn Frischlinge säugen. Die Geburt erfolgt in einer Art Nest aus Zweigen, Ästen und Grasbüscheln, das einen Durchmesser von ungefähr 1,5 bis 2,5 m hat und knapp über 2 m hoch sein kann. Die Frischlinge sind sehr empfindlich gegen die Unbilden des Wetters und halten sich einige Tage in diesem Wurfkessel oder in dessen unmittelbarer Nähe auf. Bei der Geburt wiegen sie weniger als ein Kilo; das ist normal, da der Nachwuchs zahlreich ist. Das europäische Wildschwein hat verschiedene Unterarten und/oder Standortrassen. Die südeuropäischen Wildschweine sind erheblich kleiner, während jene in den Alpen oder in Osteuropa ein Gewicht von knapp unter oder auch über 100 kg erreichen (Vollgewicht), zumindest die ausgewachsenen Tiere. Der Keiler ist im Allgemeinen um 30 % schwerer als die Bache.

Das Sozialverhalten der Wildschweine ist überaus bemerkenswert, alle Frischlinge werden von jeder Bache umsorgt. Körperkontakt ist ihnen sehr wichtig, und zum Ausruhen legen sich Frischlinge, aber auch erwachsene und heranwachsende Tiere aneinander, Erstere sogar auf die Mutter. Bis etwa zum dritten Lebensjahr sind sie gestreift, eine perfekte mimetische Färbung, die allmählich in ein sattes Rotbraun übergeht und dann, je nach Unterart, dunklere, schwarze und graue Töne annimmt. Nach der Geburt schließt sich die Bache mit ihren Nachkommen wieder der Rotte an. Diese ist im Wesentlichen ein Verband von miteinander verwandten Tieren, wenn auch mit den gebotenen Ausnahmen im Hinblick auf die Jagd. Das Hauptproblem dieser Tierart besteht darin, reichhaltige und ausgiebige Nahrung zu finden. Dass sie keine Wiederkäuer, sondern Allesfresser sind, ist in gewisser Hinsicht ein Nachteil, denn ein Wildschwein kann sich nicht nur von Pflanzen ernähren und ein Teil seiner Nahrung (mindestens 5 bis 15 %) muss proteinreich sein. Den Hauptteil machen Wirbellose aus, doch die Wildschweine ernähren sich auch von Amphibien, Nestlingen und kleinen Säugetieren. Der Lebensraum einer Rotte variiert somit beträchtlich, je nach Jahreszeit und Nahrungsangebot. Er beträgt in der Regel 1.000 bis 2.000 ha pro Rotte Bachen, wobei es aber viele Abweichungen von der Norm gibt. *(FP)*

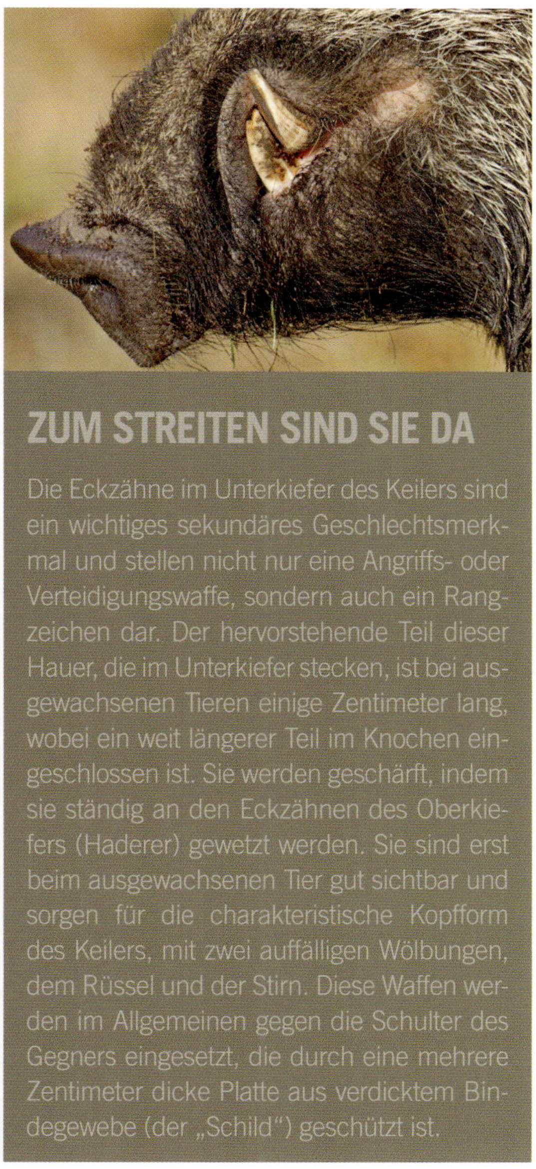

ZUM STREITEN SIND SIE DA

Die Eckzähne im Unterkiefer des Keilers sind ein wichtiges sekundäres Geschlechtsmerkmal und stellen nicht nur eine Angriffs- oder Verteidigungswaffe, sondern auch ein Rangzeichen dar. Der hervorstehende Teil dieser Hauer, die im Unterkiefer stecken, ist bei ausgewachsenen Tieren einige Zentimeter lang, wobei ein weit längerer Teil im Knochen eingeschlossen ist. Sie werden geschärft, indem sie ständig an den Eckzähnen des Oberkiefers (Haderer) gewetzt werden. Sie sind erst beim ausgewachsenen Tier gut sichtbar und sorgen für die charakteristische Kopfform des Keilers, mit zwei auffälligen Wölbungen, dem Rüssel und der Stirn. Diese Waffen werden im Allgemeinen gegen die Schulter des Gegners eingesetzt, die durch eine mehrere Zentimeter dicke Platte aus verdicktem Bindegewebe (der „Schild") geschützt ist.

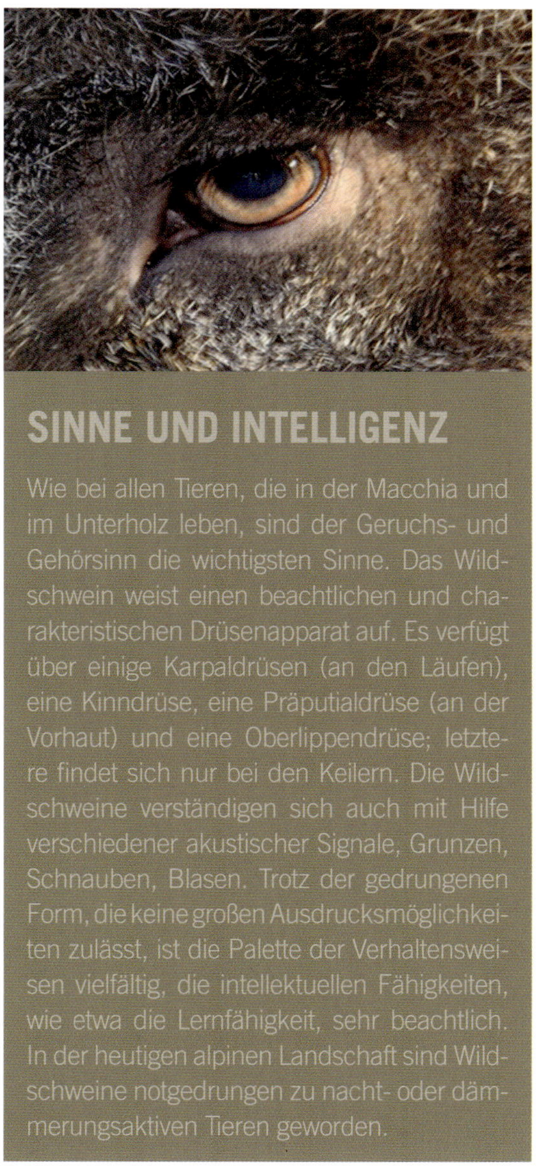

SINNE UND INTELLIGENZ

Wie bei allen Tieren, die in der Macchia und im Unterholz leben, sind der Geruchs- und Gehörsinn die wichtigsten Sinne. Das Wildschwein weist einen beachtlichen und charakteristischen Drüsenapparat auf. Es verfügt über einige Karpaldrüsen (an den Läufen), eine Kinndrüse, eine Präputialdrüse (an der Vorhaut) und eine Oberlippendrüse; letztere findet sich nur bei den Keilern. Die Wildschweine verständigen sich auch mit Hilfe verschiedener akustischer Signale, Grunzen, Schnauben, Blasen. Trotz der gedrungenen Form, die keine großen Ausdrucksmöglichkeiten zulässt, ist die Palette der Verhaltensweisen vielfältig, die intellektuellen Fähigkeiten, wie etwa die Lernfähigkeit, sehr beachtlich. In der heutigen alpinen Landschaft sind Wildschweine notgedrungen zu nacht- oder dämmerungsaktiven Tieren geworden.

GRABUNGSARBEITEN

Das Wildschwein eine anspruchsvolle Art, die von der Verfügbarkeit von Wasser abhängig ist, auch für die Körperpflege (Schlammbäder). Die hohen Fortpflanzungsraten machen sie zu einer in hohem Maße vom Ökosystem abhängigen Art, mit einer bisweilen hohen Kindersterblichkeit und saisonalen Sterblichkeit. In der heutigen alpinen Landschaft ist das Wildschwein jedoch nicht immer erwünscht. Seine Auswirkungen auf Wiesen und Kulturen sind verheerend und nachhaltig, während sie für den Wald als vorteilhaft betrachtet werden können. Trotzdem erscheint eine allgemeine Verbannung unangebracht, handelt es sich doch immerhin um eine autochthone Art, die gut in das Ökosystem eingebunden ist. Letztendlich ist das Wildschwein eine Art, mit der man umgehen muss und die nicht ausgerottet gehört. *(FP)*

FUCHS

Flinker Schelm

Einer aus der Gilde der wildlebenden Fleischfresser hat aller Verfolgung getrotzt und hat es verstanden, seine Lebensgewohnheiten immer aufs neue einer rasant sich verändernden Umwelt anzupassen, sodass er eigentlich überall zu Hause ist: Meister Reineke, der Fuchs! Obwohl man ihn nicht eben häufig zu Gesicht bekommt, glaubt jeder, den roten Schelm zu kennen. Er begegnet uns als verschmitzter Held in Fabeln und Märchen, geistert durch Sagen, macht in der Presse als gefürchteter Überträger der Tollwut, neuerdings auch der Eier des Finnen bildenden Fuchsbandwurms von sich reden und weckt Interesse. Näher haben sich seit jeher Bauern und Jäger mit dem Fuchs auseinandergesetzt. Dem ersteren schwellen die Zornadern, wenn schon wieder ein Huhn fehlt, während der Weidmann oft vergeblich versucht, dem flinken Räuber seine Schrote auf den Pelz zu brennen. *(MM)*

JAGD FREI AUF DIE POLIZEI

Der Fuchs gehört durch seine Fressgewohnheiten zur natürlichen Gesundheitspolizei. Andererseits ist er einer der gefährlichsten Überträger von Tollwut- und Bandwurmerregern, die in allen Siedlungsgebieten des Fuchses festzustellen sind. In Südtirol z.B. ist die Tollwut durch die Reduzierung des Fuchsbesatzes und die initiierte Impfkampagne seit 1995 verschwunden. Bereits in der Antike sind Meister Reineke Eigenschaften wie Schläue, Dreistigkeit, Mut und Verwegenheit angedichtet worden. Diese vermenschlichende Betrachtungsweise wird ihm aber nur teilweise gerecht. Was ihn tatsächlich auszeichnet, sind hervorragend ausgebildete Sinnesorgane und ein durch viele leidvolle Erfahrungen erworbenes, von Generation zu Generation weitergegebenes Misstrauen dem Jäger gegenüber. Diesen mit Büchse und Flinte weithin treffenden Zweibeiner hat er weit mehr fürchten gelernt als seine anderen Feinde: Adler und Uhu, Luchs, Wolf und Hund.

Der Fuchs gehört zur Familie der Hundeartigen und besitzt deren charakteristischen Merkmale. Reineke tritt so leichtfüßig auf, dass er zu schweben scheint, setzt beim Traben die zierlichen Pfoten eine hinter die andere und hinterlässt im Schnee das typische Fährtenbild, das lose auf die Schnur gereihten Perlen gleicht. Die starken Hinterläufe verleihen die federnde Kraft zum Sprung auf die Beute. Diese kann er auch im Dunkeln punktgenau orten, dank seiner großen, beweglichen Ohrmuscheln, die noch schwächste Geräusche auffangen. Neugierig wie ein Beichtvater steckt der Fuchs seine Nase in alles, ist aber, im Gegensatz zum geistlichen Herrn, mit einem äußerst feinen Riechorgan ausgestattet, das 400mal mehr Riechzellen besitzt als der verkümmerte menschliche Gesichtserker. Als ausgesprochener Nahrungsopportunist vertilgt der Fuchs täglich ein halbes Kilogramm Futter. Zuoberst auf dem Speisezettel figurieren Kleinnager, aber auch Vögel, Fische, Insekten, Hasen und jegliche Art von Obst helfen ihm über die Runden. Nach Regengüssen ergötzt er sich an Würmern. Diese können sogar den Hauptbestandteil der Nahrung ausmachen. Längst haben sich Füchse auch in Großstädten eingenistet und plündern dort die Abfalltonnen der Wohlstandsgesellschaft. *(MM)*

FORTPFLANZUNG

Füchse paaren sich einmal im Jahr. Der Rüde ist von Dezember bis Anfang März befruchtungsfähig. Die Fähe ist dies nur für 2 bis 3 Tage in den ersten drei Monaten. Aber weil die Lust stärker ist als der Verzicht, schmiegt sich der Rüde in der Ranzzeit über einen längeren Zeitraum an eine auserwählte Füchsin. Der Fuchs will im Augenblick des Lusthöhepunktes von seiner Auserwählten ja keine Abfuhr erhalten. Wenn es dann soweit ist, dann begattet er sie gleich mehrere Male. Das erhöht den Erfolg einer Befruchtung. Aber weil ein schlauer Fuchs sich in Fortpflanzungsfragen nicht auf ein Weib verlässt, paart er sich auch gleich noch mit einer oder mehreren Fähen. Das gleiche gilt übrigens auch umgekehrt. Da kann es schon vorkommen, dass ein Wurf Jungfüchse gleich verschiedene Väter hat.

MIT SOZIALER ADER

Füchse wurden zu Unrecht als aggressive Einzelgänger stigmatisiert, die in ihren Territorien leben und diese gegen Artgenossen verteidigen. Die negativen Konnotationen aus der Historie wurden nicht wertneutral auf die Beschreibung des Fuchses angewandt. Man war der festen Überzeugung, dass sich Fähen und Rüden flapsig mal zur Paarung trafen. Und das war es dann schon. Auch im Beuteverhalten interpretierten Forscher alles in Richtung roter, egoistischer Individualist, der es nicht nötig hat, sich Nahrung auf gemeinsamen Beutezügen zu sichern. Studien aus England korrigierten dieses Bild und erkennen im Fuchs ein Familientier mit ausgeprägtem Sozialverhalten und großer emotionaler Lernfähigkeit.

FERTIGBAU-LIEBHABER

Fuchs verbindet man unweigerlich mit Fuchsbau. Nicht immer ist er allerdings ein fleißiger Handwerker, der sich mit eigener Schaffenskraft das Dach über dem Kopf baut, sondern er bevorzugt Fertighäuser der Marke Dachs. Es soll auch schon vorgekommen sein, dass der Fuchs zur Untermiete beim Dachs war, wenn die Wohnung die nötige bequeme Größe hatte. Gibt es bei Dachsbauten Lieferschwierigkeiten, weicht der Faulpelz auf Kaninchenbauten aus. Nur im Notfall gräbt er seinen Bau auch selber. Dann aber mit Bedacht und nach allen Regeln der Kunst und mehreren Fluchtröhren. Verstehen können wir den Minimalaufwand von Herrn Reineke, wenn wir wissen, dass der Rüde von März bis September bestenfalls zu einer Stippvisite in seinen Bau kommt. *(ST)*

HASE

Playboy mit Hasenscharte

Der Echte Hase ist aufgrund seines ausgeprägten Fortpflanzungstriebes neben dem Ei zum Symbol des Osterfestes geworden. Außer in der Paarungszeit lebt er als Einzelgänger. Das verbindet ihn mit einem richtigen Playboy; vielleicht noch die Tatsache, dass er selten geworden ist. Ansonsten hat er wenige Gemeinsamkeiten. Der Echte Hase ist scheu, hockt den ganzen Tag über in seiner Sasse mit der Nase gegen den Wind, damit er Gefahren sofort bemerkt und mit einem schnellen Sprint davoneilen, gekonnt einen 90-Grad-Haken schlagen oder zu weiten und hohen Sprüngen ansetzen kann. Bleibt er einmal sitzen, dann ist er eine jener Wildarten, die mit hervorragender Tarnung überzeugen. Ob auf dem Acker, der blühenden Wiese oder unter buntem Laub – zu jeder Jahreszeit die passende Färbung. *(ST)*

154
155

EIN HASENFUSS AUF DER FLUCHT

Hasen sind Vegetarier. Sie freuen sich über Gräser, Kräuter, Wurzeln und Zweige. Hasen suchen nach Nahrungsmitteln, die ihnen sehr viel Milch geben, um viele Junge aufzuziehen. Die setzen sie – 8 bis 10 an der Zahl – und besuchen sie dann ganz selten, um nicht Fuchs und Marder auf die Spur zu bringen. Weil sie ab und zu mit den scharfen Nagezähnen an Baumrinden knabbern, ist es schon vorgekommen, dass den Hasen „Wildschäden" vorgeworfen wurden. Die gespaltene Oberlippe erleichtert ihnen das Nagen. Einzelne Hasenbeobachter behaupten, dass Hasen sogar ab und zu Fleisch fressen. Besonders krass treiben es die Hasen in der Rammelzeit. Hasenhochzeiten sind filmreife Szenen, in denen es nicht selten vorkommt, dass die Häsin ihren Verehrer regelrecht verprügelt, weil sie noch nicht paarungsbereit ist. Und ist sie dann für allerlei Rammeleien offen, streiten sich die Hasen um die Lustfrau.

Im Alpenraum ist es regional unterschiedlich ruhig geworden um den Hasen. Lebte er bis vor vielen Jahren gesund und gemütlich bis zu 1.600 m Meereshöhe im ganzen Alpenraum, ist seine Population rar geworden. Das hat mit seinen Naturfeinden (Fuchs, Dachs, Wiesel, Marderarten u. a. m.), aber vor allem auch mit seinen Kulturfeinden zu tun – den Menschen. Die Zerstörung seines Lebensraumes durch Intensivlandwirtschaft, gnadenlose Rodung von Hecken und Sträuchern, Ausbringung von Düngemitteln, um nur einige Verhaltensweisen zu nennen, die Habitat und Lebensweise zerstören. Eine gegenteilige Entwicklung ist in Obst- und Weinbaugebieten zu beobachten. Dort nehmen Hasenpopulationen stark zu. Zeitgemäße Obstbäume sind dicht und niedrig und bieten den Hasen guten Schutz. Echte Hasen sind r-Strategen. Für viele Hasenbeobachter ist das der Grund für ihre schwankende Population. r-Strategen reagieren sehr schnell auf ein optimales Nahrungsangebot und überschießen aufgrund der hohen Reproduktionsleistung die Kapazitätsgrenze ihrer Lebensräume. Ob das allerdings ein „Hasenfuß" ist, bleibt dahingestellt. *(ST)*

MURMELTIER

Alle in Sicherheit

PLUMPE GESTALT UND SCHARFE PFIFFE

Zu einer richtigen Bergwanderung gehört das Pfeifen der Murmeltiere wie zur Weißwurst der Senf. Wo der Pfad aus dem lichter werdenden Wald auf freie, ausgedehnte Alpweiden führt, betritt man das eigentliche Reich dieser großen Nager. Da und dort sieht man aufgescheuchte, gelbbraune Wichte ihren Erdburgen zueilen, wo sie sich zu voller Größe aufrichten und ihrem Unmut über den Eindringling lauthals Luft machen, ehe sie im Untergrund verschwinden.

Die gellenden Warnlaute werden bei geöffnetem Maul im Kehlkopf erzeugt, sind also eigentlich Schreie. Dem Kundigen verraten Länge, Tonqualität und Frequenz, was die Wachsamen beunruhigt. Stößt ein gefiederter Freibeuter aus dem Äther herab, gellt ein scharfer Pfiff in die Stille, und alles bringt sich eilends in Sicherheit. Menschen werden mit einem wiederholten, fallenden Zwielaut begrüßt, und den auf leisen Sohlen durch die Alpenrosen schleichenden Fuchs begleitet ein in regelmäßigen Abständen ausgestoßenes Falsetto-Gebell, das anhält, bis der Räuber aus dem Gesichtsfeld verschwunden ist. Dank der seitlichen Anordnung der Augen können Murmeltiere einen großen Bezirk überwachen und Bewegungen auf Distanz wahrnehmen. Ihre plumpe Gestalt täuscht dem Unerfahrenen ein Tier von bedächtiger Lebensart vor. Der irrige Eindruck wird spätestens dann korrigiert, wenn die kurzbeinigen Tiere im Galopp in die nächste Deckung sausen, sei es eine Fluchtröhre, eine Felsspalte oder der Hauptbau. Diese unterirdische Behausung ist recht kompliziert angelegt und besteht aus sich verzweigenden Tunnels samt Ausweichstellen, einem Hauptkessel und mehreren Nebenräumen. Vor den Einfahrten türmen sich Erdwälle auf, von denen schon der Urgroßvater des jetzigen Burgherrn Ausschau hielt und über seine Sippe wachte. Es gibt tiefer gelegene Winterquartiere und Sommerresidenzen, die im Lauf der Vegetationszeit bezogen werden. Dank der starken Muskulatur im Schultergürtel und an den Gliedmaßen und den langen Krallensicheln schreiten anfallende Grabarbeiten zügig voran. Tasthaare an den Unterarmen und am abgeflachten Kopf dienen beim Bewegen in finsteren Gängen als eine Art Blindenstab. Der Clanchef, ein starker, älterer Bär, markiert mit dem Sekret seiner Wangendrüsen die „Grenzpfähle" seines Territoriums und liefert sich mit allfälligen Rivalen heftige Ringkämpfe.

Sprichwörtlich ist der Schlaf der Murmeltiere. Dass sie in ein siebenmonatiges Koma fallen und ihre Körperfunktionen auf ein absolutes Minimum reduzieren ohne Schaden zu nehmen, hat den Menschen seit jeher fasziniert. Während draußen Väterchen Frost regiert, wärmen sich die eingerollten Dornröschen in der Schlafkammer gegenseitig, wachen in regelmäßigen Abständen kurz auf, um gleich wieder einzuschlafen. Ihre innere Uhr sagt ihnen, wenn es Zeit ist, ins Leben zurückzukehren, sich durch die Schneedecke ans Licht zu buddeln und unter der Frühlingssonne nach Futter zu suchen. Die Paarungszeit steht unmittelbar bevor und es gilt, wieder zu Kräften zu kommen. *(MM)*

DACHS

Der Baumeister

Während der Fuchs in den letzten Jahrzehnten immer frecher geworden ist und nicht selten ungeniert durch Dorf und Stadt marschiert, ist der pummelige Dachs in freier Natur nur selten zu sehen, er fühlt sich nach wie vor in seiner Erdhöhle als schützendes Tagesversteck wohl. Er ist ein sehr vorsichtiger Geselle, er verlässt seinen Bau erst in der Dämmerung, um bei seiner nächtlichen Fresstour nach Würmern, Insekten und Schnecken, aber auch Vögeln und Mäusen sowie Beeren und Fallobst zu suchen. Entsprechend schwierig ist die Jagd auf ihn, Jäger behelfen sich bei der Verfolgung im Untergrund mit Erdhunden. Verbreitet ist der Dachs in ganz Europa und im klimatisch gemäßigten Asien, von Irland bis Japan, wo er bevorzugt in jeglicher Art von Wäldern lebt. Meister Grimbart orientiert sich in seinem Revier nicht nur mit den Augen, sondern er nutzt vielmehr seinen ausgeprägten Geruchs- und Gehörsinn, sein Gebiet markiert er mit seinen Drüsensekreten. Dringt ein Mensch in sein Revier ein, zieht sich der Dachs in seinen Bau zurück. Seine überaus kräftigen Vorderbeine mit den fünf krallenbewährten Pranken ermöglichen ihm ausgedehnte Grabarbeiten in die Tiefe des Waldbodens. Der Durchmesser der Röhre liegt bei 30 cm, dann buddelt er sich etwa fünf Meter in die Tiefe, wo er seinen Wohnkessel anlegt. Dort lebt er je nach Nahrungsangebot bei Tag und während der Winterruhe in unterschiedlichen sozialen Verhältnissen recht gesellig mit bis zu zehn und mehr Einzeltieren. Die Gutmütigkeit des Dachses zeigt sich in der Toleranz gegenüber seinem Untermieter, dem schlauen Fuchs. Der profitiert gerne vom emsigen Graben seines Forstkollegen und quartiert sich bequem im Dachsbau ein. Dort leben die beiden aber möglichst weit voneinander entfernt mit jeweils eigenem Hauseingang. Früher hatte Meister Grimbart große Bedeutung für den Menschen. Unsere mittelalterlichen Ahnen verwendeten das Fett des „Schmalzmannes", zum Einreiben gegen Wunden und Quetschungen sowie Rheumatismus. Heute ziehen wir nur noch Nutzen aus seinen Haaren, die zu Rasierpinseln, Bürsten und Pinseln für die Malerei verwendet werden oder als Hutschmuck des Jägers.

So populär der Dachs früher beim Volk gewesen sein mag, er war wie manch anderes Tier auch Opfer übler Nachrede. Der Bauer behauptete, der Dachs fresse ihm die Kartoffeln weg, dabei hatte der Dachs lediglich nach Engerlingen gegraben und unabsichtlich auch ein paar Kartoffeln freigebuddelt. Wenig beliebt war er auch bei den Jägern, die mit der Schädlichkeit des Dachses auf das Niederwild argumentierten. Die Mär, der Dachs hole sich im Heugras das wehrlose Kitz, hält sich bis in die neuere Zeit. Kein Gerücht ist hingegen die Vorliebe des Dachses für reife Trauben. *(IL)*

MARDER

Stein des Anstoßes

Auf sich aufmerksam gemacht und berühmt-berüchtigt geworden ist der Räuber durch seine Verbisse an Autokabeln und Geflügel- oder Hühnerrisse. Vereinzelt hat man ihm sogar den Verriss frisch gesetzter Lämmer zugeschoben. Schuld in der großen Marderfamilie ist dafür allein der Steinmarder. Im Gegensatz zum Baummarder, der sich schüchtern hauptsächlich im Wald aufhält, aber in der Roten Liste als stark gefährdete Spezies geführt wird und auf dessen Tötung hohe Strafen drohen, ist der Steinmarder ein Kulturfolger und sucht die Nähe des Menschen. In den 70er Jahren soll er zuerst in der Schweiz aufgetaucht sein, und es sich dort in Scheunen, Ställen und auf Dachböden bequem gemacht haben. Allmählich hat er sämtliche Siedlungsgebiete in den Alpen erobert. In vielerlei Hinsicht wird er als Plage gesehen, obwohl er zumindest in Südtirol nur mit Dekret über einen begrenzten Zeitraum bejagt werden darf. Marder sind heute im gesamten Alpengebiet weiter verbreitet und dichter besiedelt als noch vor vielen Jahren, als ungehemmt Jagd auf sie gemacht wurde. Die Diskussion um ihre Schädlichkeit in von Menschen belebten Kulturräumen ist seit der von großen Autokonzernen in Auftrag gegebenen Studie über die Gründe ihres Kabelvandalismus immer noch hochaktuell. Das nachtaktive, territorial lebende Raubtier mit den riesigen Revieren – ein Rüde soll bis zu 300 ha benötigen – hinterlässt mit seinen kurzen Branten die typische Paarspur und die Kothäufchen als Reviermarkierung. Revierüberschneidungen von Fähen und Rüden sollen keine Seltenheit sein. Praktisch kann das sein, wenn sie im Hochsommer zwischen Juli und August ranzen. Die Fähen werden nach einer längeren Eiruhe ihre drei bis fünf Jungen austragen und dann im April werfen. *(ST)*

OTTER
Der UnterTaucher

Der Fischotter ist ein an das Wasser angepasster Marder und ein hervorragender Schwimmer und Taucher. Leider ist er im Alpenraum nahezu völlig untergetaucht. Bis zu acht Minuten kann er ungestört unter Wasser bleiben. Aber die Menschen haben ihm seinen natürlichen Lebensraum genommen. Der Fischotter bevorzugt Lebensräume mit flachen Flüssen, zugewachsenen Ufern und Überschwemmungsebenen; Feuchtgebiete umgeben von Laub- und Mischwäldern. Der Rückgang solcher Habitate, die zügellose Verbauung von Wildbächen und Flussufern, die Verschmutzung der Gewässer, der Straßenverkehr, aber auch die Bejagung haben dazu geführt, dass der Fischotter in den meisten Ländern Europas verschwunden ist. Die „Otterstürme" in den letzten Jahrzehnten des 19. Jahrhunderts sind ein unrühmliches Beispiel dafür. Der Fischotter kommt mit allen Arten von Süßwasser-Lebensräumen zurecht, solange die Gewässer klar und fischreich sind und ihm ausreichend Versteckmöglichkeiten entlang der Ufer geboten werden. Lange konnte er seine Verstecke nicht geheim halten. Die Menschen mit ihrem Begradigungs- und Regulierungswahn und dem fast unnatürlichen Verbauungsdrang sind ihm auf die Spur gekommen. Leider hatte er lange Zeit einen schlechten Ruf, weshalb die Jagd auf ihn ungehindert ausgeübt werden konnte. Lämmermörder, Jagdhundtreiber, Fischräuber wurde er geschimpft. Nur allzu viele „vergnügliche" Jagden wurden auf ihn veranstaltet. Ein Grund dafür war auch das wertvolle Fell. Mützen, Krägen und Mäntel wurden daraus zuhauf gemacht. Nachvollziehbar wird dieses Verhalten, wenn bedacht wird, wie hervorragend das Fischotter-Fell gegen Kälte schützt. Der Fischotter ist heute unter Schutz gestellt und zählt zu den nicht jagdbaren Wildtieren. *(ST)*

VÖGEL

Faszination Vogelwelt

Nach unserem gegenwärtigen Wissensstand gibt es knapp 10.000 lebende Vogelarten weltweit. Sie besiedeln wie kaum eine andere Tierart jeden Lebensraum auf der Erde, von den kältesten arktischen Bereichen bis zu den heißesten Tropengebieten, sie sind im Wasser zu finden wie in den trockensten Wüsten und als eine der wenigen Tierarten haben sie den Luftraum in Beschlag genommen. So lässt sich etwa der bei uns heimische Mauersegler nur dann auf festem Untergrund nieder, wenn er Eier oder Junge im Nest hat. Nahrungsaufnahme aber, Schlaf, Paarung, Nistmaterialsuche, sein ganzes übriges Leben spielt sich in der Luft ab. Der Mensch hat seit eh und je diese Fähigkeit mit Bewunderung und Faszination verfolgt und alles versucht, es den Vögeln nachzumachen, sich schwerelos in die Luft zu erheben und dort schwebend sich fortzubewegen. Manches ist ihm gelungen, allerdings mit großem Aufwand und nach wie vor mit Gefahren verbunden. Auch in den Alpen trifft man in jedem Lebensraum, ob im Laub- oder Nadelwald, ob im Talboden oder in der Gletscherregion, ob an See, Teich, Fluss oder Bach Vögel. Im Laufe der Jahrtausende haben sie sich in besonderer Weise angepasst, um in kühlen, niederschlagsreichen Schluchtwäldern und in Gipfelregionen mit bis zu 4.000 mm Niederschlag genauso wie in inneralpinen Trockentälern mit rund 500 mm Niederschlag pro Jahr, bei häufig und extrem schnell wechselnden Wetterverhältnissen, bei extremer Lichteinstrahlung und in verschiedenen Höhenlagen (von 200 m bis 4.810 m) überleben zu können. *(ON)*

STEIN ADLER

Herr der Lüfte

Seit Urzeiten spielt der Adler in der Mythologie der Kulturen eine herausragende Rolle als Götterbote, als Symbol der Macht, als Feldzeichen römischer Legionen und ist ein Sinnbild für Mut, Entschlossenheit und Schnelligkeit. Herrscher vieler Epochen führten sein Abbild in ihrem Wappen. Die Verehrung des majestätischen Flugkünstlers begann vor etwa 300 Jahren zu weichen. Mehr und mehr sah die Landbevölkerung im großen Beutegreifer einen Jagd- und Nahrungskonkurrenten, den es zu vernichten galt. Erst nach seiner Ausrottung in weiten Teilen der Alpen begannen die in der Mitte des 20. Jahrhunderts erlassenen Schutzmaßnahmen zu greifen. Heute sind die Bestände der streng geschützten Art gesichert. *(MM)*

VOM NOMADEN ZUM REVIERBESITZER

Vermutlich können Murmeltiere dem herrlichen Adlerflug nur wenig abgewinnen. Sie stehen ganz oben auf dem Speisezettel der gefiederten Räuber, vor allem wenn diese Junge aufzuziehen haben. Noch aus drei km Entfernung erspäht der auf der Warte lauernde Greif ein Murmelkätzchen. Trotz seines geringen Eigengewichtes von vier kg vermag ein Adler auch einen ausgewachsenen Murmelbären in den Horst zu tragen. Meist liegt dieser unterhalb des Jagdgebietes, damit die Beute im Gleitflug herangeschafft werden kann. Im Winter verbünden sich Adlerpaare oft zur Kompaniejagd und versuchen, an Klippen äsende Gams und Steinkitze zum verzweifelten Sprung ins Nichts zu drängen. In Lawinen umgekommenes und eingegangenes Wild hilft Einzeladlern zu überleben. Als Tagesration genügen etwa 230 g Fleisch. Adler können sich nicht beliebig vermehren und ansiedeln wo sie wollen, denn die verpaarten Artgenossen verteidigen ihr Revier gegen Eindringlinge. Dessen Größe wird von den vorhandenen Ressourcen bestimmt. In einem gesättigten alpinen Bestand überwacht ein Paar 70 bis 100 km². Meist errichtet es mehrere Horste und nutzt sie, abwechselnd, zur Aufzucht der ein bis zwei Küken. Rund 120 Tage nach der Eiablage muss der Jungadler seinen Schwingen vertrauen, den Sprung ins Ungewisse wagen und lernen, für sich selbst zu sorgen. Im mit weißen Partien an Flügeln und Stoß versehenen Jugendkleid streunt er fortan als Nomade umher und legt Tausende von Kilometern zurück. Mit 40 Monaten ist er erwachsen und versucht nun, irgendwo sesshaft zu werden und einen Partner zu finden. Im Gegensatz zum Schalenwild pendelt sich der Adlerbestand von selbst auf ein verträgliches Maß ein. Der Zoologe Heinrich Haller hat aufgezeigt, dass bei steigender Dichte der Bruterfolg sinkt. Dringen im Frühjahr immer wieder fremde Adler in Territorien ein, zwingt das die Ansässigen zu Abwehrkämpfen. Bleibt das verlassene Gelege länger als 10 Minuten unbebrütet, stirbt es ab. *(MM)*

DER TIROLER ADLER

„Adler, Tiroler Adler! Warum bist du so rot? Ei nun, das macht, mich dünket, weil Feindesblut mich schminket, das ist so purpurrot (...)." So heißt es im Heimatlied. Keine andere Vogelgruppe ist so tief mit Brauchtum, Wappenkunde, Namensgebung von Adelsgeschlechtern, Burgen und Schlössern, Gasthöfen und Hotels, Orts- und Flurnamen verbunden, wie Greifvögel, insbesondere der Adler. Sein majestätisches Erscheinungsbild mit markantem Blick, gefährlichen Krallen und gewaltigem Schnabel, sein kämpferisches Wesen und sein beeindruckender Flug haben dazu beigetragen. Früher wurden viele Greifvögel, auch der Steinadler, stark bekämpft und bejagt; Junge ausgehorstet. Das galt als Mutprobe, da sich der Horst oft in schwindelerregender Höhe in steilen Felswänden befindet. *(ON)*

SITUATION IM ALPENRAUM

Der Ausrottungsfeldzug im 19. und Anfang des 20. Jahrhunderts, der allen größeren „Räubern" galt, ist auch am Steinadler nicht spurlos vorüber gegangen. Der Bestand ist in allen Alpenländern bis auf eine kleine Restpopulation zusammengebrochen. Aber der Symbolcharakter dieses Vogels „Adler-Greif" und die Pestizidkatastrophen in den 1960er Jahren haben zu einem Umdenken und zu strengen Schutzmaßnahmen in allen Alpenländern geführt. Dies hat sich auf den Bestand so positiv ausgewirkt, dass heute ziemlich alle potentiellen Brutreviere von einem Steinadlerpaar besetzt sind, so dass die Alpen also im Augenblick sozusagen als „Steinadler-gesättigt" bezeichnet werden können. Man rechnet im alpinen Bereich mit etwas über 1.000 Brutpaaren. *(ON)*

SITUATION IN SÜDTIROL

In Südtirol sind derzeit alle Täler regelmäßig von Steinadlern bewohnt. Der Bestand beläuft sich auf 40 bis 50 Brutpaare, die aber nicht alljährlich und nicht immer erfolgreich brüten. Etwa 20 Jungvögel pro Jahr gibt es; viele von ihnen überleben den ersten Winter nicht. Die Zahl der Horste darf für eine Bestandszählung nicht gerechnet werden, da jedes Paar bis zu fünf Horste besitzt, die unregelmäßig benützt werden. Die Siedlungsdichte ist sehr unterschiedlich, das Revier des einen Paares kann nur etwa 50 km² betragen, jenes des Nachbarpaares dagegen fast 200 km². Entscheidend ist das vorhandene Nahrungsangebot. Für den Bestand spielen die Abschüsse, die Aushorstungen keine Rolle mehr. Andere Gefahren lauern; besonders die zunehmende Beunruhigung durch den alpinen Tourismus zu allen Jahreszeiten. *(ON)*

BART
GEIER

Segelweltmeister

Seinen Schimpfnamen Lämmergeier trägt er völlig zu Unrecht. Er hat ihn in den Alpen aber den Kragen gekostet. Vom Menschen verfolgt, ist er in den Alpen um 1930 ausgestorben. Der Bartgeier ist nämlich ein reiner Aasfresser und kann gar keine lebende Beute schlagen. Dank eines erfolgreichen Wiederansiedlungsprojektes, das 1986 mit vielen Projektpartnern von verschiedenen Nationalparken in den Alpen gestartet wurde, ist er wieder in unsere Berge zurückgekehrt. Dreißig Zuchtstationen und Zoos zwischen Lissabon und Leningrad sind als Lieferanten von Jungvögeln an diesem Wiederansiedlungsprojekt beteiligt. Prof. Hans Frey von der Veterinärmedizinischen Universität Wien kam dabei mit seiner Bartgeier- Aufzuchtstation Haringsee die Rolle des Koordinators zu. Seinen Namen hat der Bartgeier von den steifen, borstenartigen Federn an der Schnabelwurzel. Diese Federn bilden einen markanten „Ziegenbart“, welcher den Unterschnabel überragt. *(WP)*

Situation in den Alpen

DIE BARTGEIERPOPULATION IN DEN ALPEN

Im Zeitraum 1986-2008 wurden in fünf Freilassungsgebieten zwischen den Hohen Tauern und den französischen Seealpen knapp 150 Bartgeier freigelassen. Seit dem Winter 1996/97 ist der Bartgeier wieder Brutvogel in den Alpen. Im Gebiet des Nationalparks Stilfserjoch gibt es seit mehreren Jahren 3 Brutpaare, im gesamten Alpenbogen hatten sich bis zum Jahre 2007 17 Paare gebildet. Aus Naturbruten sind im Alpenbogen bis 2007 wieder 47 Bartgeierjunge flügge geworden. Die Population der Bartgeier im Alpenbogen wird heute auf 120 bis 140 Individuen geschätzt. Auch wenn das Wiederansiedlungsprojekt einen erfolgreichen Verlauf genommen hat, ist großer Jubel verfrüht. Es gibt nämlich auch Rückschläge durch Verluste. Ursachen sind etwa Krankheit, Abschuss oder Kollision mit Stromkabeln. Und bis ein Bartgeierpaar geschlechtsreif wird, müssen beide Partner immerhin 5 bis 7 Jahre überstehen.

SATELLITENTELEMETRIE

Die Freilassungen junger Bartgeier im Marteller Kunsthorst und deren intensives Monitoring sind der Beitrag des Nationalparks Stilfserjoch zum internationalen Wiederansiedlungsprojekt. Zwischen den Jahren 2000 und 2008 wurden bei 4 Freilassungen bisher 11 „Marteller" Geier aus Zoozuchten freigelassen. Anlässlich des Jubiläums 200 Jahre Erstbesteigung des Ortlers im Jahre 2004 war der Vogel „Ortler 1804" freigelassen worden. Dies war der erste Vogel, der an den Schwanzfedern mit einem Peilsender bestückt werden konnte. Der leichtgewichtige Sender funktioniert im Optimalfall bis zum Wechsel der Stoßfedern nach drei Jahren und schickt Funksignale an mehrere Satelliten im Weltall. Wenn 2 bei 3 Satelliten Signale empfangen, können die Vögel verortet und ihre Wanderbewegungen registriert werden. Durch wissenschaftlich saubere und aussagekräftige Daten erhöhen sich damit unsere Kenntnisse über diese Vogelart enorm. *(WP)*

KNOCHENSPEZIALIST UNTER DEN GEBIRGLERN

Der Hauptlebensraum des Bartgeiers liegt im Gebirge oberhalb der Waldgrenze. Dort überstreicht er im Segelflug weite Gebiete und hält Ausschau nach Aas. In der Nahrungskette ist der Bartgeier das letzte Glied in der Verwertung: Er ernährt sich von Knochen und Sehnen. Mit seiner aggressiven Magensäure ist er im Stande, die Kalkschicht der Knochen aufzulösen. Dadurch erschließt er sich das fett- und eiweißreiche Knochenmark, an das die anderen Nahrungsverwerter nicht herankommen. Ist ein Knochen zu groß, um ihn zu verschlucken, zerkleinert ihn der Bartgeier in der sogenannten Knochenschmiede: Mit dem Knochen im Schnabel erhebt sich der Bartgeier und lässt ihn aus dem Flug gezielt auf eine Steinplatte fallen. Dies wiederholt er so oft, bis der Knochen zerschellt und das Mark freigibt. Der Aktionsraum eines Bartgeierpaares beträgt zwischen 100 und 750 km². Juvenile Bartgeier fliegen in ihren ersten Lebensjahren sehr weite Strecken bis zu 700 km am Tag.

KEINE SCHEU VOR WINTERKÄLTE

Im Alter von 4-5 Jahren beginnen Bartgeier sesshaft zu werden und gehen Paarbildungen ein. Weibchen und Männchen sind im Federkleid nicht zu unterscheiden. Einmal verpaart, sind sie einehig (monogam) und lebenslang treu. In Anpassung an seinen Lebensraum ist der Bartgeier in Europa ein Winterbrüter. Die Eiablage erfolgt zwischen Mitte Jänner und Mitte Februar. Nach einer Brutdauer von durchschnittlich 54 Tagen schlüpft das Junge, wenn die Tierkadaver im Frühling ausapern. Somit ist das Futterangebot aus Fallwild genau zum Zeitpunkt des höchsten Nahrungsbedarfes in der Nestlingsphase auch tatsächlich am höchsten. Das Nest wird regengeschützt in Nischen überhängender und steiler Felswände gebaut.

KAIN UND ABEL

Das Bartgeier- Weibchen legt je Brut maximal zwei Eier im Abstand von 7 Tagen. Die Eier werden vom ersten Ei an fest bebrütet. Wenn die Brut gut verläuft und beide Jungen schlüpfen, ist das erste Junge daher beim Schlupf des zweiten schon sieben Tage älter und entsprechend kräftiger. Das ältere Junge hackt das jüngere mit dem Schnabel und verdrängt es von der Fütterung bis es verendet. Dieses genetisch verankerte Aggressionsverhalten unter Artgenossen gibt es bei mehreren Greifvogelarten. In der Verhaltensforschung wird es in Anlehnung an den biblischen Brudermord Kainismus genannt. Die Ablage des zweiten Eies ist damit nur eine biologische Reserve. Beim Wiederansiedlungsprojekt ist dieser Umstand genutzt worden: Bei den Bruten von Zootieren wird das zweite Ei entnommen und künstlich im Brutapparat erbrütet. Somit erhöht sich der Stock der Jungtiere für die Freilassung.

EITELKEIT IN ROT ALS STATUSSYMBOL

Höchste Spezialisierung in der Nahrungsverwertung, Monogamie und Kainismus sind nur drei der Besonderheiten dieses faszinierenden Altweltgeiers. Eine weitere Eigenart ist das Färbeverhalten: Bartgeier beiderlei Geschlechts baden in eisenoxydhaltigen Quellen und färben ihr Gefieder an Kopf, Brust und Bauch dadurch rostrot ein. Es ist bis heute nicht eindeutig geklärt, warum sie das machen. Regulierung der Körpertemperatur, Schutz vor Parasiten oder vorzeitiger Abnützung der Federn wurden als mögliche Erklärungen bemüht. Letzthin wird die Hypothese diskutiert, dass die rote Farbe ein Statussymbol darstellt. Dies würde erklären, dass die in der Rangordnung besonders hochstehenden Vögel und dominante Weibchen auch am kräftigsten gefärbt sind. Sie können es sich leisten, einen guten Teil ihrer Tageszeit mit der Schönheitspflege zu verbringen, während andere Tiere zwei Drittel ihrer Tageszeit mit der Futtersuche verbringen müssen.

EINE EIGENHEIT

Bei besonderer Erregung färbt sich der sogenannte Skleralring am Auge des Bartgeiers scharlachrot und gibt dem imposanten Gesichtsporträt noch einen besonderen Ausdruck.

ERKENNTLICHE NACHBARSCHAFT

Besondere Begeisterung hat das Bartgeier-Weibchen „Raetia 2000"ausgelöst. Der Name für dieses Tier war bei der 1. Marteller Freilassung in Anlehnung an die historische Bezeichnung der Römischen Provinz Raetia gewählt worden. Und der Vogel Raetia hat seinem Namen Ehre und den engagierten Schweizer Projektpartnern Freude gemacht: Es hat sich im Dreiländereck Österreich, Schweiz, Italien niedergelassen, das im Rahmen der heutigen Zusammenarbeit der Grenzregionen wieder als „Magisches Rhätisches Dreieck" oder als „Terra raetica" bezeichnet wird. Mit dem Männchen „Livigno" hat das Weibchen „Raetia" im Frühjahr 2007 in der Val Mora bei unseren Bündner Nachbarn den ersten Schweizer Junggeier seit der Ausrottung des Bartgeiers in den Alpen um 1930 erbrütet und erfolgreich aufgezogen. Wenn das nicht erkenntliche Nachbarschaft ist! *(WP)*

Geräuschloser Greifer

Mit rund 70 cm Körperlänge gehört der Uhu zu den größten Eulenarten weltweit. Als Nachtgreifvogel verschläft er die Tagesstunden in seinem Versteck in der Felswand oder in einem Baumwipfel eng an den Stamm geschmiegt. Mit seinem gelbbraunen Gefieder mit feinen Quer- und Längsstreifen, mit seinen langen Federohren und den großen, gelborangen Augen macht er einen imposanten Eindruck, ist damit aber an seinem Tagesschlafplatz auch bestens getarnt. Die Eulen gelten als Vögel der Weisheit, galten aber auch als Todesboten und als Begleiter der Hexen. Dies hat ohne Zweifel mit ihrer nächtlichen Lebensweise zu tun („Wer nichts Böses im Schilde führt, braucht das Tageslicht nicht zu scheuen!"), mit der Stimme, die auch in modernen Kriminalfilmen pünktlich zu mitternächtlicher Stunde schaurig tremulierend zu hören ist, mit ihrem durch den besonderen Federaufbau vollkommen geräuschlosen Flug und mit den nach vorne gerichteten Augen, die von einem Federkranz umgeben sind, der einem menschlichen Gesicht nicht unähnlich ist. Der Uhubestand hat sich nach den Verfolgungen im 19. und 20. Jahrhundert, die ihn fast ausgerottet haben, recht gut erholt. Er ist heute in vielen Teilen Europas, vor allem in gebirgigen Gegenden im Süden und Osten zufrieden stellend. In Österreich wird die Zahl der Brutpaare auf rund 400 geschätzt, in Deutschland auf 1.100, in der Schweiz auf höchstens 100, in den italienischen Alpen auf 200 bis 300, davon 25 bis 35 in Südtirol. Nach einer Bestandeszunahme, bedingt auch durch Aussetzungen zwischen 1970 bis 1990, scheint sich nun leider wieder ein Rückgang abzuzeichnen. *(ON)*

„U-HU, U-UUU“

Wenn der Uhu sehr „gesprächig“ ist, kann er innerhalb einer halben Stunde auch 50 Mal rufen. Der Uhu wählt gerne die höchsten Bäume auf den höchsten Erhebungen aus, um seine Anwesenheit mitzuteilen. Besonders dann, wenn zwei Uhureviere eng aneinander grenzen. Dabei ist es durchaus Uhu-Brauch, dass sie sich die Bäume teilen. Einmal sucht der eine den Baum auf, ein anderes Mal der andere. Wache Naturbeobachter können verschiedene Uhus an ihrer Stimme unterscheiden. Einer ruft etwas tiefer, der andere weniger tief. Aber immer ist es der arttypische Balzruf des Männchens „u-hu“ oder „u-uuu“, von dem dieser mächtige Vogel seinen Namen erhalten hat, und dies nicht nur in der deutschen Sprache. Der wissenschaftliche Name „Bubo bubo“ bezieht sich ebenso darauf wie der italienische „Gufo reale“, der ladinische „Dule“ und nicht zuletzt der in Südtirol weit verbreitete Dialektname „Buhin“.

Es kommt eher selten vor, dass sich gleich zwei Artgenossen in enger Nachbarschaft befinden. Früher wurde dem Uhu ziemlich nachgestellt, weil ihm der Rückgang der Hasen, Feldhühner und mancher Wasservögel zur Last gelegt wurde. Heute weiß man, dass er vor allem Igel über alles schätzt. Darüber hinaus ist sein Speisezettel aber überaus vielfältig: Ratten, Mäuse, Murmeltiere, Jungfüchse, Marder, Eichhörnchen und unter den Vögeln Enten, Blässhühner, Tauben, Krähenvögel, Drosseln. Und wenn er hin und wieder einen Hasen schlägt oder ein Rehkitz, verzeiht man es dieser herrlichen Eule wohl. Bei keiner anderen Vogelart kann man so genau die Zusammensetzung der Nahrung bestimmen wie bei den Eulen. In ihren Speiballen („Gewölle“) finden sich alle unverdaulichen Reste der Nahrung, also Knochen, Fell, Federn, Fischschuppen usw. Auch in Südtirol stehen – wie in anderen Ländern Europas – alle Eulenarten ganzjährig unter Schutz, und der Bestand hat sich gut erholt. Hochspannungsleitungen, Drähte von Seilbahnen und schnelle Autos werden ihm heute viel öfters zum Verhängnis als eine Gewehrkugel. Eine ganz neue Gefahr für den Uhubestand hat sich mit der Einrichtung von Klettergärten entwickelt, für die häufig Felswände in Talbodennähe ausgewählt werden, die zu den tatsächlichen oder potentiellen Brutplätzen des Uhus gehören. *(ON)*

RAUFUSS

Die aus der Kälte kamen

Schon auf den ersten Blick erkennt man, dass Raufußhühner in schneereichen Gegenden geformt worden sind: die Füße sind befiedert, „Balzstifte“ erleichtern das Laufen im Schnee, die Vögel beherrschen die Technik sich in den Schnee einzugraben. Im Winter kommen sie mit schwer verdaulicher Nahrung zurecht – mit Steinen im Muskelmagen zerquetschen sie die zähe Nahrung. Auerhuhn, Birkhuhn und auch das Haselhuhn wurden in der Taiga geformt, dem großen Nadelwaldgürtel – einem Wald aus Fichten, Kiefern und Birken. Die Taiga ist kein geschlossenes Waldgebiet, die Wälder sind von ausgedehnten Mooren durchbrochen.

Das Auerhuhn ist ein Vogel des lichten Waldes, es bewohnt ihn bis an die Moorränder hin, wo sich der Wald auflöst. Das Birkhuhn liebt die offenenere Landschaft und überlappt sich in den schütteren Waldrändern mit dem Auerhuhn.

Die Alpen sind für die drei Arten Taigaersatz. Das Auerhuhn findet passende Nadelwälder. Für das Birkhuhn ist der Lebensraum dort offen genug, wo sich der Wald auflöst und in Krummholz und Matten übergeht.

Im Leben beider Arten spielen Zwergsträucher eine Schlüsselrolle für Sicherheit und Nahrung: Sie sind die beste Deckung für die Küken vor Greifvögeln, sie tarnen das Nest mit der brütenden Henne, die Blätter und Früchte dienen als Nahrung. Auer- und Birkhuhn haben sich in ihrer Entwicklung eng an Zwergsträucher gebunden.

Der Lebensraum des Haselhuhnes ist meist nicht großflächig. Es bevorzugt buschreiche, oft feuchte Stellen im Wald. Zwergsträucher sind dieser Art nicht so wichtig. In den Alpen entspricht die Buschvegetation in Lawinenbahnen sehr gut diesem Lebensraum. Zuwachsende Weideflächen mit Hasel und Fichten entsprechen ebenso dem Habitatsuchbild des kleinen Raufußhuhnes.

Das Alpenschneehuhn liebt es noch ein wenig kälter, sein angestammter Lebensraum ist die Tundra, die baumfreie Kältesteppe. Da dieser Vogel sich in der niedrigen Vegetation nicht versteckt, ist Feindvermeidung besonders wichtig: Als einziges Raufußhuhn wechselt es die Farbe von Sommer zu Winter. *(WS)*

AUERWILD

Hochzeits“Balzer“

Im Adressbuch des Naturwissenschafters ist er unter Tetrao urogallus zu finden, dem Jäger, der zwar auch gelegentlich beim Latein Zuflucht sucht, ist er als Ur- oder Auerhahn bekannt. Der gänsegroße, prachtvoll blaugrün schillernde Waldschratt trägt ein Gewicht von drei bis sechs kg auf den bis zu den Füßen befiederten Ständern. Die Art zählt zu den Raufußhühnern und trägt seitlich an den Zehen einen Namen gebenden Saum von Hornstiften, die, wie Schneeschuhe, im weichen Flaum ein Einsinken verhindern. *(MM)*

Imposante Waldbewohner

RELIKT LÄNGST VERGANGENER ZEITEN

Auffällig ist der aus 18 Federn bestehende und in der Balz zum Halbkreis gefächerte Stoß, der den Vogel noch imposanter erscheinen lässt. Den elfenbeinfarbenen, kräftigen Hakenschnabel weiß der Hahn im Duell mit seinesgleichen als Waffe einzusetzen, ebenso die krallenbewehrten Füße.
Im Zorn sträubt er sein Nacken- und Halsgefieder. Der gefiederte Kehlbart unterstreicht das würdevolle Erscheinungsbild beim eigentümlich singenden und tanzenden Werben um die nur halb so großen, braun und schwarz gesprenkelten Hennen. Werden die überaus vorsichtigen Waldbewohner überrascht, suchen sie ihr Heil in einer flach über die Baumkronen segelnden Flucht. Denn die geringe Flügelspannweite von etwa 120 cm erlaubt den schwerfälligen Fliegern keine rettende Flugakrobatik. Als gefährliche, schlecht sichtbare Hindernisse haben sich Drahtseile und Maschenzäune um Kulturen erwiesen.
Die mitteleuropäischen Vorkommen des Auerhuhns sind ein Relikt der letzten Eiszeit. Das eigentliche Verbreitungsgebiet liegt in den borealen Nadelwäldern Kareliens, Skandinaviens und der russischen Taiga. Im Alpenbogen weisen nur noch Österreich (20.000) und Nordost-Italien gute Bestände auf. Dort werden die Hähne noch bejagt. Wenige Waldgebiete erfüllen die Anforderungen, welche diese Kulturflüchter an ihren Lebensraum stellen. Bevorzugt werden störungsarme Nadel- und Nadelmischwälder mit viel Altholz und geringem Kronenschluss, sodass Licht auf den Waldboden dringt und eine Krautschicht gedeihen lässt. Dort tummeln sich die Eiweiß liefernden Kleinlebewesen, die für das Gedeihen der Küken unabdingbar sind. Eine wichtige Rolle spielen die im Herbst reifenden Früchte, allen voran die Heidelbeere. Frugaler ist die Winteräsung. Die Vögel harren oft tagelang auf demselben Baum aus und verzehren die Nadeln von Waldföhren, Tannen und Fichten. In den langen Blinddärmen schließen Bakterien die harzige Kost auf und machen sie verdaulich.
Neben dem profitorientierten, dichte Altersklassen-Forste fördernden Waldbau mit kurzer Umtriebszeit führen nasskalte Frühsommer, Raubfeinde aller Art und menschliche Störungen zu Bestandeseinbrüchen und zum Erlöschen isolierter Populationen. *(MM)*

BIRKWILD

Ein wildes Spiel

Wo der Bergwald allmählich in die von Krummholzinseln durchsetzte Zwergstrauchheide übergeht, tanzt der Birkhahn in den Frühling. Im ersten Frühlicht schwirren die Hähne heran, fallen irgendwo ein und trippeln im Hühnertrab zum Balzplatz. Zwischendurch machen sie mit einem scharfen Tschu-huisch auf sich aufmerksam und warten auf heisere Antwort. Jeder Gockel beansprucht einen Geländeabschnitt von vielleicht 20 m im Geviert. Die stärksten, ältesten Hähne verteidigen ihre Mini-Königreiche im Zentrum gegen jüngere Semester in den Außenbezirken. *(MM)*

Immer in Kampfeslaune

ENTSCHLOSSEN ZUM GRAZILEN DUELL

Nach dem einleitenden zischenden „Hier bin ich“ blähen die stahlblau schillernden, schwarzen Troubadoure ihren Hals zum Resonanzkörper auf und singen selbstvergessen ihre kehligen, rhythmischen Strophen, deren Klang weithin trägt. Während dieses Kullerns fahren die Sänger wie kleine Rangierlokomotiven mit tief gehaltenem Hals dahin und dorthin, richten sich plötzlich auf und fauchen. Dazu schlagen sie zweimal blitzschnell mit den Schwingen und drehen sich gleichzeitig um ihre Achse. Dabei blitzen die hellen Flügelunterseiten auf, und der weiße Unterstoß setzt sich scharf gegen die pechschwarzen, langen Schwanzsicheln ab, die manchen Jägerhut zieren. Über den Augen glühen knallrote Hautwülste, die Rosen, die man nur in der Balz zu sehen bekommt. Der momentane Friede auf dem Tanzplatz täuscht. Unvermittelt flammen da und dort Grenzstreitigkeiten auf. Mit Zischen und Fauchen fahren die Kontrahenten aufeinander los, knallen sich die Schwingen um den Kopf, hacken mit den Schnäbeln und hakeln mit den Krallen nach der dargebotenen Heldenbrust des Gegners. Dazu miauen sie in den höchsten Tönen. Trotz der wilden Entschlossenheit der Duellanten hat das Geplänkel etwas Graziles, Tänzerisches an sich. Das Beispiel mag die Bajuwaren dazu bewogen haben, schuhplattelnd um die Gunst der Dirndln zu buhlen. Wenn die Hennen ihre Aufwartung machen und das Angebot an Vererbern sichten, geraten die Hähne in höchste Aufregung. Man legt noch einen Zacken zu und zeigt sich von seiner besten Seite. Dank ihres Tarnoveralls entgehen die in einer Bodenmulde auf gesprenkelten Eiern sitzenden Hennen meist den scharfen Augen ihrer Feinde. Gelegentlich raubt ein Marder das Gelege, wenn sich die Brütende kurz zur Nahrungssuche entfernt. Als Nestflüchter begleiten die Küken ihre Mutter auf der Nahrungssuche und bereiten sich auf ein selbstständiges Leben vor. Wo sich der Wintersport breitmacht, gerät das Birkwild in Bedrängnis und läuft Gefahr, seine Reserven vorzeitig aufzubrauchen. *(MM)*

Meister der Tarnung

Der Bestandsschwund der Arten bereitet den Jagd- und Naturschutzverbänden Kopfzerbrechen. Die Gründe des Rückganges der Bestände sind vielseitig und sicher nicht überall dieselben. Durch ganzjährigen Massentourismus wird der Lebensraum in den Alpen stellenweise massiv gestört. Dies führt zu verminderter Fortpflanzung oder sogar zur Zerstörung des Lebensraums. *(ON)*

Alle in Deckung

Skitourengänger, die sich abseits der Pisten bewegen, können schon durch einmalige Störung Fluchtreaktionen und einen damit verbundenen lebensbedrohlichen Energieverlust auslösen. Freilaufende Hunde können in der Nähe von alpinen Wanderwegen zu einem Problem werden. In Südtirol z.B. sind die Abschusszahlen von über 1.200 im Jahre 1989 auf gut 300 im Jahre 2007 gesunken. Das Schneehuhn ist eigentlich ein Vogel der arktischen und subarktischen Gebiete Europas und Asiens. Während der Eiszeit wurde es immer weiter nach Süden gedrängt, nach Abschmelzen der Gletscher zog es sich nach Norden in die Urheimat zurück, ein kleiner Teil der Population blieb jedoch in den hohen Bergregionen der Alpen und Pyrenäen zurück, wo es heute noch in steilen Felsgegenden, die reichlich Warten und Deckung bieten, zwischen 2.100 bis 2.700 m lebt, außerhalb der Brutzeit auch viel höher. Auf der Suche nach Nahrung, aber vor allem zum Schutz vor Kälte gräbt es Schneehöhlen, um dort in kalten Nächten zu schlafen und Energie zu sparen. In den Schneehöhlen wird die Kälte erheblich abgemildert. In ihnen können bei einer Außentemperatur von – 20 °C Temperaturen um 0 °C herrschen. Die Tiere nehmen instinktiv die Kugelform als energetisch günstigste Form an und ruhen oft auch über Tag in der Schneehöhle. Als einzige Vögel wechseln Schneehühner zur Tarnung im baumfreien Gelände im Laufe eines Jahres drei bis vier Mal das Gefieder. Im Herbst verändert sich ihr graubraunes Sommerkleid in ein fast schneeweißes. Die Färbung im Frühjahr ist meist graubraun und wird durch weiße Flecken unterbrochen. Im Sommer fehlen diese weißen Flecken auf dem Gefieder völlig.

In Grönland, wo auch über den kurzen Sommer immer genügend schneebedeckte Flächen im Habitat verbleiben, färben die Tiere nicht mehr vollständig in das tarnfarbig braungraue Sommergefieder um. Wie sich die Klimaerwärmung mit dem Schneemangel in den Alpen und Pyrenäen auf den Gefiederwechsel und den Feinddruck durch mangelhafte Tarnung auswirkt, ist noch nicht abzusehen.

Eine Parallele zum Gefiederwechsel beim Schneehuhn zeigen bei den Säugetieren der Schneehase und das Hermelin, deren Pelz im Herbst ebenfalls schneeweiß wird. *(ON)*

Seltene Feinschmecker

TARNMEISTERSCHAFT UND BEERENLIEBE

Das Haselhuhn ist ein typischer Mischwaldvogel. Es gehört zu den heimlichsten Bewohnern unserer Wälder. Exakte Populationsgrößen sind daher nur schwer zu ermitteln. Seit Jahren sind die Bestände europaweit stark rückläufig. Es ist in Fachkreisen unumstritten, dass der Hauptgrund für die dramatische Bestandsentwicklung der Schwund geeigneter Lebensräume ist. Das Haselhuhn war im überwiegenden Teil seines Verbreitungsgebiets ein beliebtes Jagdwild. Die Jäger lockten die Vögel durch Imitierung ihres Rufs, eines sehr hohen Pfeiftones („Spissen") an. Die Haselhuhnjagd ist wegen des starken Rückganges der Bestände in vielen Ländern eingestellt, in der Schweiz seit 1962, in Südtirol seit 1987. Das Haselhuhn stellt sehr hohe Ansprüche an seinen Lebensraum. Es braucht abwechslungsreiche Wälder mit genügend kraut-, strauch- und laubholzreichen Flächen, mit gutem Beerenangebot und einzelnen freien Flächen. Es ernährt sich hauptsächlich von Knospen, Weidenkätzchen, Blüten, Blättern, Trieben, Sämereien, Beeren und Früchten von Hasel, Birke, Weide, Erle, Vogelbeere, Himbeere, Brombeere, Weißdorn, Heidelbeere usw. Insekten, Spinnen und Schnecken bilden zeitweise eine wichtige Ergänzung. Artenreiche Pionierwaldbestände in Lawinenstrichen, aufgelassene Weide- und Wiesenflächen scheinen sich günstig auf den Haselhuhnbestand auszuwirken. Das Schicksal der Haselhühner hängt maßgeblich von der Art der Durchforstung der Wälder, von der Entwicklung der Waldpflege und Waldnutzung in der modernen Forstwirtschaft ab. *(ON)*

Akrobat der Lüfte

PFIFFIGER WANDERBEGLEITER

Den großen schwarzen Vogel mit dem gelben Schnabel, den roten Füßen und dem spielerischen Flug kennt wohl jeder Bergwanderer. Die Alpendohle hat sich in ganz besonderer Weise an die Anwesenheit der Menschen im Gebirge gewöhnt. Oft zeigt sie nicht nur ein überaus keckes Verhalten, sondern wird sogar aufdringlich, wenn ein Stück Nahrung in Sicht ist, eine Apfelspalte, eine Käserinde, eine Wursthaut. Abfallkörbe, Müllplätze und viel besuchte Gipfelbereiche werden regelmäßig „geplündert“. Die Alpendohle brütet in Felsspalten in den Gebirgen Südeuropas, Nordafrikas und Kleinasiens. Sie ernährt sich von Insekten, Spinnen, Regenwürmern, Schnecken und gelegentlich auch von Gehäuseschnecken, Amphibien, Eiern und Jungvögeln. Wenn im Herbst nach den ersten Schneefällen die Nahrung knapp ist, fliegt sie in die Täler hinab, um auf Wiesen Insekten und Würmer oder am Müllplatz Abfälle zu suchen. Dabei werden traditionell ganz bestimmte Orte, Dörfer und Städte über Jahrzehnte hindurch aufgesucht, z.B. Schlanders, Dorf Tirol, Bozen-Rentsch, Völs, Feldthurns, Brixen, Bruneck, Brenner oder Innsbruck, wo sich untertags Scharen von weit über hundert Vögel aufhalten können. Am Nachmittag kehrt die Alpendohle in höhere Lagen zurück, um die Nacht jahrein, jahraus und sommers wie winters in derselben Felsspalte zu verbringen. Die Alpendohle ist ein ausgesprochener Standvogel, nur diese vertikalen Flüge ins Tal hinab werden regelmäßig durchgeführt, andere größere Ortsveränderungen bzw. Wanderungen gehören zu den Ausnahmen. Die Alpendohle beeindruckt immer wieder durch ihre Flugkünste, durch die Akrobatik und Leichtigkeit, durch das Ausnutzen der Aufwinde an Felswänden oder um die Berggipfel, zur Brutzeit paarweise, nachher in kleinen oder großen Schwärmen, aber immer mit einer unwahrscheinlichen Eleganz. Bei der Alpendohle spielt – wie bei anderen Rabenvögeln auch – die soziale Rangordnung eine wichtige Rolle, allerdings ist sie bisher noch wenig untersucht. Bekannt ist, dass die meisten Paare eine Lebensehe führen, dass Männchen ihre Weibchen auch außerhalb der Brutzeit – zumindest gelegentlich – füttern, dass verpaarte Männchen die höchste Stellung in der Rangordnung einnehmen, unverpaarte Weibchen dagegen die niedrigste.

Ein sehr ähnlicher Vogel ist die Alpenkrähe, bei der nicht nur die Füße, sondern auch der Schnabel rot ist. Sie hat früher auch in den Ostalpen gebrütet, scheint aber immer viel seltener gewesen zu sein. Die letzte Beobachtung aus Südtirol liegt bereits viele Jahre zurück, auch der letzte Brutplatz in Graubünden ist seit rund 50 Jahren verwaist. *(ON)*

FASAN

Schillernder Vogel

Der Fasan ist ein Neozoen, d.h. er gehört zu einer nach 1492 auf dem Kontinent neu aufgetretenen Vogelart. Das polygyne Männchen mit einer Länge bis zu 90 cm spielt bei dieser Vogelart die absolute Hauptrolle. Farben, Gehabe, Ausdruck und Auftreten sind imposant. Das wesentlich kleinere und eintönig gelbbraun gefärbte Weibchen spielt die feminine Statistenrolle. Für die Jagd von Interesse ist demnach das Männchen. *(ST)*

Wilde Balzlaune

KULTOBJEKT MIT SELTENHEITSWERT

Während der Fasan in Südtirol auf der Roten Liste aufscheint, gehört der in Bayern flächendeckend vorkommende Vogel und bei der Jägerschaft zu den begehrtesten Jagdobjekten überhaupt. Immerhin liegt die Jagdwildstrecke 2007 bei rund 31.000 Stück. Die Population in Deutschland soll bei rund 1.000.000 liegen.

Die Fasanenpolemik in Deutschland gründet in der Behauptung, dass Fasane künstlich gehalten werden, um sie als Jagdsportobjekte einzusetzen. Immerhin gipfelte die Fasanwildstrecke um das Jahr 1937 in einem Spitzenwert von 1.013.595 Stück. Es gab und gibt künstliche Auswilderungen zu Jagdzwecken. In einigen Ländern hält sich der Fasan von alleine. Die Population in Deutschland und einigen anderen Gebieten Europas nimmt trotz der intensiven Bejagung stetig zu. In den Kerngebieten der Alpen tut sich der Fasan schwer mit dem Überleben. Abgesehen vom rauen Klima, der knappen, aber intensiv bewirtschafteten Kulturlandschaft, ist es vor allem der hohe Räuberdruck – wie immer man das jetzt lesen mag, der ihm das Leben schwer macht.

In den zentralen Lebensräumen der Alpen ist der Fasan gefährdet, geschützt oder nur sehr spärlich vorhanden. In der Schweiz findet man den Fasan noch in wenigen Gebieten in den Tieflagen, unter anderem im Grenzgebiet zwischen dem Tessin und Graubünden. Die Jagd auf den Fasan ist nicht einfach, denn wie das Rebhuhn versteht es der Fasan vortrefflich, sich in dichtem Bewuchs vor Feinden zu schützen und unsichtbar zu machen. Lautlos hockt er da. Meist fliegt er erst knapp vor den Füßen des Jägers oder dem aufstöbernden Hund mit lautem Fluggeräusch auf. Hat er Fahrt und Höhe gewonnen, gleitet er gern mit ausgestreckten Schwingen in seine Vogelfreiheit. *(ST)*

REBHUHN

Echter Kulturfolger

OHNE LEBENSRAUM KEIN ÜBERLEBEN MEHR

„rrrreb …rrrreb" tönt es mehrmals hintereinander vom Getreidefeld her. Es ist die Stimme des Rebhuhns, das davon seinen Namen erhalten hat. Da es ursprünglich ein Steppenbewohner war, ist sein Lebensraum trockenwarme Ackerlandschaft mit offenen, strukturreichen, landwirtschaftlich genutzten Flächen, Heckenreihen, Brachstreifen und anderen ungenutzten Ackerrändern. Die Situation des Rebhuhns in Mitteleuropa zeigt das Dilemma eines „echten" Kulturfolgers: Mit der Entstehung der bäuerlichen Kulturlandschaft ist es aus den östlichen Steppengebieten nach Mitteleuropa gekommen und hat im struktur- und grenzlinienreichen Ackerland, in den Mähwiesen und Brachflächen über Jahrhunderte einen günstigen Lebensraum gefunden. Durch die Intensivierung der landwirtschaftlichen Nutzung mit großflächig maschineller Bewirtschaftung, durch die Auflassung der Getreidefelder, durch die Entfernung der Heckenstreifen und Brachränder in der zweiten Hälfte des 20. Jahrhunderts fehlen dem Rebhuhn geeignete Brutplätze, Deckung und abwechslungsreiche pflanzliche und tierische Nahrung. Etwa ab 1960 bis 1970 erlebte das Rebhuhn in ganz Europa einen drastischen Rückgang. In der Schweiz wird der Bestand auf 30 bis 60 Paare geschätzt (2004), in den 60er Jahren waren es zur Frühjahrszeit noch etwa 5.000 Paare. In der Roten Liste 2001 ist es daher als „vom Aussterben bedroht" eingestuft. In Bayern ist das Rebhuhn lückenhaft verbreitet, gebietsweise häufig, aber der Bestand hat auch hier stark abgenommen, von 1975 bis 1999 um 20 bis 50 %, so dass es als gefährdet bis stark gefährdet einzustufen ist. In Nordtirol gilt das Rebhuhn als ausgestorben, ebenfalls in Osttirol. In Südtirol, wo sich bis vor einigen Jahren im Raum Bruneck noch eine kleine Population gehalten hat, gibt es seit Jahren keine Nachweise mehr. Es gilt als ausgestorben. Einbürgerungsversuche in der Schweiz, in Italien und auch in Südtirol haben bisher keinen anhaltenden Erfolg gebracht. Ohne eine nachhaltig bewirtschaftete Kulturlandschaft mit vielen Kleinstrukturen ist für das Rebhuhn leider kein Platz mehr. *(ON)*

Bunte Entenwelt

Wenn in Jagdkreisen von Blaukopf, Schillerente oder Spiegelente die Rede ist, meint man damit gewöhnlich die Stockente. Bei all diesen Ausdrücken wird auf die herrlich blau-grün-violett schillernde Farbe der Federn an Kopf, Hals und Rücken Bezug genommen. Auch andere Entenarten zeichnen sich durch ein buntes Federkleid mit irisierenden Farben aus, so etwa die Krickente, Löffelente, Reiherente oder der Gänsesäger. Diese auffallenden Federfarben sind aber im Grunde eigentlich optische Täuschung, die Federn sind nämlich gar nicht bunt, sondern nur dunkel. Durch die besondere Struktur der Oberfläche einer jeden einzelnen Feder wird das einfallende Sonnenlicht in seine Spektralfarben zerlegt, gebrochen und wir sehen eine grüne, blaue oder violette Feder, je nach Winkel des einfallenden Lichts. Kein Vogel, ob Stockente, Eisvogel, Elster, Kolibri oder sonst irgendein farbenprächtig schillernder tropischer Paradiesvogel, besitzt in seinen Federn eine dieser Farben, immer handelt es sich um Strukturfarben.

Die Entenvögel, zu denen auch die Schwäne, Gänse und Säger gehören, haben sich in ganz besonderer Weise an das Leben im Wasser angepasst. Am deutlichsten kann dies an ihren Füßen beobachtet werden: Die Zehen sind durch Schwimmhäute verbunden, so dass bei jeder Fußbewegung im Wasser ein kräftiger Rückstoß entsteht und das Tier weiterbringt. Bei anderen Wasservögeln ist diese Anpassung noch nicht so weit fortgeschritten, Haubentaucher und Blässhühner haben z.B. nur Hautlappen längs jeder Zehe, keine Schwimmhäute. Die Paarbildung beginnt bei der Stockente schon im Herbst mit einer auffälligen Balz der Erpel. Die Enten schauen zu, verfolgen das Gesellschaftsspiel und wählen sich dann einen Erpel aus, den sie mit besonderen Kopfbewegungen zur Paarung auffordern. Die Paare bleiben bis zur Brutzeit beisammen. Dann beginnt bei den Erpeln meist schon die Gefiedermauser und sie sind für Wochen flugunfähig. *(ON)*

STOCKENTE

Sie ist bei weitem die häufigste Ente. Sie kann an allen ruhig fließenden Flussabschnitten, an Wassergräben, Entwässerungskanälen und an Teichen und Seen bis in Höhen über 1.500 m als Brutvogel angetroffen werden. Ihre Zahl hat in den letzten Jahren merklich zugenommen. Die Stockente gehört, mit Krick- und Knäkente, zu den jagdbaren Entenvögeln Südtirols. Laut Landesstatistik wurden im Jahre 2007 990 Stockenten, dagegen nur 14 Krick- und 7 Knäkenten erlegt. Im Winter sind die Bestände sehr unterschiedlich, der Grund liegt in der Vereisung der Gewässer. Bei den winterlichen Wasservogelzählungen wurden zwischen 700 und 1.700 Stockenten notiert, etwa die Hälfte davon nur am Kalterersee. Im März-April ist alljährlich ein starker Durchzug – wahrscheinlich von nordischen Vögeln – festzustellen.

KRICKENTE

In Südtirol ist ein einziger Brutplatz bekannt. Er befindet sich an einem ruhigen, stark verwachsenen Gebirgssee in 2.031 m Höhe und ist damit der höchste bekannte. Auch in unseren Nachbargebieten ist die Krickente kein häufiger Vogel. In Norditalien wird der Bestand auf 20 bis 50 Paare geschätzt, in Graubünden gelang 1998 (gleich wie in Südtirol) der erste Brutnachweis auf 1.710 m. Zur Brutzeit sucht sich die Krickente stehende oder langsam fließende, seichte Gewässer mit dichter Ufervegetation aus, die dem hohen Deckungsbedürfnis dieses zur Brutzeit sehr versteckt lebenden Vogels gerecht werden. Tagsüber sind die Familien kaum einmal auf der freien Wasserfläche zu sehen, nachts bewegen sie sich etwas freier. Zugzeit: März und April.

REIHERENTE

Bereits im Jahre 1996 konnte man Folgendes lesen: „Die Ausweitung ihres Verbreitungsgebietes nord- und südseits der Alpen macht sich in den letzten Jahren in Südtirol durch häufigere Beobachtungen zur Zugzeit bemerkbar." Inzwischen ist die Reiherente in Südtirol – wenn auch nur an einem einzigen Standort – zu einem regelmäßigen Brutvogel geworden. Der erste Brutnachweis fand im Jahre 1991 am Haidersee statt. Etwa zehn Jahre lang blieb die Zahl der Brutpaare ziemlich konstant, sie bewegte sich um 5 Paare. Dann nahm die Zahl der zur Brutzeit anwesenden Vögel rapide zu und erreichte im Jahre 2006 die Zahl 75. Auch vom Engadin liegt der erste Brutnachweis aus dem Jahre 1991 vor und die Zahl nahm dort ständig zu, auch neue Brutplätze wurden besiedelt. *(ON)*

KORMORAN

Vogel gegen Fisch

Noch vor wenigen Jahren hätte es keinen Grund gegeben, den schwarzen Fischjäger in einem Buch über Alpentiere zu erwähnen. Der Kormoran hat in Europa einen Aufstieg erlebt, vom gefährdeten Vogel mit wenigen Tausend Tieren in den Sechziger Jahren auf bisher über eine Million Vögel – ein Ende ist nicht in Sicht. Obwohl viele Ornithologen an den Ursachen forschen, ist der phänomenale Aufschwung nicht vollständig geklärt. Anfangs brüteten die Vögel hauptsächlich an der Küste. Inzwischen haben sie das Binnenland erobert und brüten in fast allen europäischen Ländern. Den Fischen in den Alpenflüssen werden hauptsächlich die Wintergäste gefährlich, die in großen Zahlen von den Küsten Nordeuropas nach Süden ziehen. Frieren im strengen Winter die Seen und Teiche zu, fliegen die Kormorane in offene Flüsse und Bäche bis tief in die Alpen. Fischbestände erleiden tiefe Einbrüche, betroffen sind vor allem Äsche und Bachforelle. An der Enns, einem inneralpinen Fluss der Ostalpen, konnten Fischbiologen der Wiener Universität den Einfluss des Kormorans aufzeigen: Rund 200 kg pro ha war der Fischbestand im Fluss vor den Einflügen; in den Jahren danach war er auf 18 kg pro ha gefallen. Kormorane verfügen über ausgeklügelte Fähigkeiten: Späher erkunden ergiebige Fanggründe, dann kommen Flüge mit bis zu 200 Vögeln und mehr wie an der Enns. Kormorane sind nicht nur gute Taucher, sie veranstalten auch koordinierte Treibjagden, Fähigkeiten, zu der sonst nur Säugetiere imstande sind.

Die Äsche, Charakterfisch der Alpenflüsse, lebt im Freiwasser und sucht auch bei Gefahr keine Deckung auf. Im Winter ist das Wasser klar, der Wasserstand niedrig – Äschen konzentrieren sich an den tieferen Stellen, sie werden dort leichte Beute.

Viele Kormorankolonien liegen heute in Naturschutzgebieten, an produktiven Flachseen. Der hochmobile Fischjäger nutzt geschickt die neue Toleranz, die ihm früher nicht gewährt worden ist. *(WS)*

GRAU REIHER

Schritt für Schritt

Im Mittelalter war die Reiher-Beizjagd in adeligen Kreisen weit verbreitet und nur den weltlichen und geistlichen Fürsten vorbehalten. Die Reiher genossen den Schutz der hohen Jagdherren. Später wurde er als Fischdieb gesehen und gnadenlos verfolgt. Im 19. und Anfang des 20. Jahrhunderts führten wahre Verfolgungsjagden zu einem teilweisen Aussterben oder zumindest einer starken Reduzierung der Brutbestände. In der Schweiz waren um 1900 nicht mehr als insgesamt etwa 50 Paare übrig geblieben und wäre der Vogel dort 1926 nicht unter Schutz gestellt worden, wäre er wohl ausgestorben. Obwohl die Nachstellungen nicht vollständig eingestellt wurden, erholte sich der Bestand allmählich, so dass man im Jahre 1953 mit 500 bis 750 Paaren rechnete, 1981 bereits mit etwas über 1.000. Die Zählung 2003 ergab nach Angaben der Schweizerischen Vogelwarte einen Bestand von 1.359 Brutpaaren in 188 Kolonien. Und nun sind hitzige Diskussionen zwischen Fischereiverbänden und Naturschützern in Gang, ob der Graureiher nun doch wieder zum Abschuss freigegeben werden soll oder nicht. Eine ähnliche Situation wie in der Schweiz gibt es auch in vielen anderen Ländern Europas. Die Zunahme des Graureihers in Mitteleuropa und zahlreiche Neuansiedlungen in Feuchtgebieten, Fischweihern und Seen führte zu einem Konkurrenzkampf mit den Fischern. Der Grund liegt darin, dass die Nahrung des Graureihers zu einem Gutteil aus Fischen besteht. Allerdings haben Magenanalysen gezeigt, dass die Fische etwa 50 bis 60 % der Gesamtnahrung ausmachen, der Rest besteht aus Kleinsäugern, vor allem Wühl- und Feldmäusen, aber auch aus Schlangen, Fröschen, Insekten und Würmern. Die Auswahl der Nahrung hängt sehr stark vom lokalen Angebot, von der Jahreszeit und von den Wasserverhältnissen ab. Die Zunahme der Vögel spiegelt einerseits die reichen Besatzmaßnahmen und Fischbestände wider, andererseits aber auch die Häufigkeit der Kleinsäuger. Eine Beeinflussung der Fischbestände liegt – nach wissenschaftlichen Untersuchungen – nur in unnatürlichen Gewässern, wie begradigten, kahlen Bachläufen oder in Fischzuchtanlagen vor, wo es wohl nicht genügend alternatives Angebot an abwechslungsreicher Nahrung gibt. In Südtirol war der Graureiher bis vor wenigen Jahren ein Zugvogel, der vor allem auf dem Frühjahrszug regelmäßig zu sehen war. Dies änderte sich um 1990, als Graureiher immer regelmäßiger an Flüssen und Seen zu beobachten waren. Es war nur mehr eine Frage der Zeit, bis das erste Paar brüten würde. 1994 war es im Trentino so weit, 1997 in Südtirol. Im Trentino brüten derzeit zwischen 100 und 120 Paaren, in Südtirol beläuft sich der Bestand nach einer Zählung von 2008 auf 35 Paare. *(ON)*

EISVOGEL
Treffsicherer Jäger

Unvergleichliche Taucher

PFEILGERADE AUF BEUTEJAGD

Trotz seines prächtigen, türkisblauen Rückens, der weißen Kehle und des leuchtend orangeroten Gefieders an Wangen, Brust und Bauch wird der reglos auf seinem Anstand sitzende und auf Beute lauernde Eisvogel meist übersehen. Was ihn verrät, ist sein Ruf, das durchdringende, harte Tsii.....tsii, das er hören lässt, wenn er in geradem Flug niedrig über die Wasseroberfläche schwirrt. Sein Jagdrevier sind die träge dahin strömenden Flüsse, flache Strecken größerer Bäche, auch klare stehende Gewässer bis auf Höhen von 1.800 m, sein Jagdgerät ist der lange, spitze Schnabel. Übers Wasser hängende Zweige, aus Uferabbrüchen ragende Baumwurzeln und Schilfhalme dienen dem geduldigen Jäger als Hochsitz. Entdeckt er Fischchen, Wasserinsekten, Larven oder heranwachsende Fröschchen, schnellt er nach kurzem Rütteln pfeilschnell ins Nass und kann dabei bis zu einem Meter tief eintauchen. An seichteren Stellen wählt er einen flacheren Winkel, in tiefes Wasser sticht er senkrecht hinunter. Die Beute wird mit heftigen Bewegungen an Steinen totgeschlagen und dann, am Kopf beginnend, abgeschluckt. Unverdauliches wie Chitinpanzer, Gräte und Schuppen würgt er, in Speiballen verpackt, mehrmals am Tag aus.

Obwohl er von der Schnabelwurzel bis zum kurzen Schwanz kaum 12 cm misst, vertilgt er Fische von bis zu 10 cm Länge. Zu ihrem Gedeihen benötigen Eisvögel Tagesrationen von etwa 20 g, also etwa die Hälfte ihres Körpergewichts. Die gefiederten Beutegreifer wagen sich auf der Suche nach Fischgründen auch ins Gebirge vor. Frieren dort die Gewässer allmählich zu, hilft nur die Flucht ins Tiefland. Dennoch brechen die Bestände nach harten Wintern ein.

Die Geschlechter lassen sich am Schnabel unterscheiden, der beim Männchen einheitlich schwarzgrau gefärbt ist. Das Weibchen schmückt ein orangefarbener Unterschnabel. Bereits Ende Januar zeigen die Balzflüge des Männchens, dass es noch andere Dinge gibt als fressen. Haben sich Sie und Er gefunden, wartet harte Arbeit auf das Brautpaar. Es gilt, im Sediment steilwandiger Ufer, auch in verlassenen Kiesgruben, 2 bis 3 m lange Brutröhren auszuschachten. Je nach der Beschaffenheit des Bodens kann das eine Weile dauern. Wenn die Osterglocken blühen, sitzt das Weibchen 20 Tage auf etwa 7 Eiern. Das Männchen hält sie mit Verpflegung bei Laune. Einen Monat lang giert die geschlüpfte Brut nach Eiweiß, bis sich die Nestlinge aus ihrem Verließ ans Licht wagen. Bald trennen sich die Geschwister und fristen, außer in der Fortpflanzungszeit, ein Leben als Einzelgänger, die ihre Jagdgründe gegen Artgenossen verteidigen. In der Regel ziehen Eisvögel nur in tieferen Lagen bis etwa 800 m ihre Jungen groß. Mit viel Glück segnet ein Eisvogel erst mit 20 Jahren das Zeitliche.

Wo sich der scharfe Ruf der „Fischer" nicht mehr ins Konzert anderer Vögel mischt, steckt der Mensch dahinter. Kunstbauten an Fließgewässern und die Verschmutzung des Lebenselixiers verunmöglichen es dem fliegenden Juwel, sein bescheidenes Leben zu fristen. Störungen an den Brutwänden tragen das Ihre dazu bei, dass die kleinen Jäger aus vielen Gegenden verschwunden sind. *(MM)*

WILD

Blick in die Zukunft

Die Alpen werden sich wieder einmal mit Eis füllen, Gletscherströme schieben dann Menschenwerk die Täler hinaus, Lebensraum für Wildtiere verschwindet. Heute wissen wir durch die Berechnungen des Astrophysikers Milutin Milankowitsch: Diese Klimazyklen sind eine Funktion der Stellung von Erde und Sonne zueinander. Der gegenwärtige, menschengemachte Treibhauseffekt ist, langfristig gesehen, nicht mehr als ein Schäufchen Kohle in den Ofen, bevor er ausgeht. Mittelfristig ist die Landnutzung der treibende Faktor für die Veränderung der Lebensräume in den Alpen. Die Verdichtung von Siedlung und Industrie sowie die Verkehrsachsen werden weiter wachsen und den Wert der Lebensräume in den Tälern und im unteren Stockwerk der Alpen mindern. Anspruchsvolle Tierarten finden dort keinen Platz, für größere und wandernde Tiere wie Rothirsch, Luchs oder Fischotter ist der Lebensraum fragmentiert. Am größten werden die Veränderungen auf den landwirtschaftlichen Flächen sein, durch weitere Intensivierung der Produktion einerseits und Rückzug der Landwirtschaft von Grenzertragsstandorten andererseits. Schon heute ist das kleinräumige Mosaik der alten bäuerlichen Landwirtschaft mit den Rainen, Hecken und Steinmauern einförmiger geworden. Blumenwiesen machen artenarmen Güllewiesen Platz, Almen wachsen zu. In der Tierwelt trifft dies vor allem die Insekten, Schmetterlinge eingeschlossen, und die Vogelwelt.

Aber auch für Reh und Hase sind die stickstoffgetriebenen Wiesen nicht mehr attraktiv. Der größte Gewinner, zumindest flächenmäßig, ist der Wald. Er übernimmt weitere Flächen aus der Landwirtschaft: Almen, Weiden, steile Wiesen. Die Waldweide wird weiter zurückgehen, insgesamt werden die Wälder dichter. Für manche Arten wie das Auerhuhn, Hasen, Reh und Rothirsch ist das von Nachteil – doch verschwinden werden sie nicht. Mit knapper werdendem Öl wird Holz als Energiequelle wichtiger. Auf wüchsigen Standorten wird der Wald weiter bewirtschaftet bleiben. Die verschiedenen Wälder sind weiterhin ein Hort der typischen Waldarten. In der alpinen Zone wird durch die Klimaerwärmung, verbunden mit der Aufgabe der Almwirtschaft, der Wald mehrere Hundert Höhenmeter nach oben wandern. Almwiesen verschwinden bis auf Reste, der Lebensraum der Hochalpentiere – Birkhuhn und Murmeltier, Steinhuhn und Apollofalter – wird kleiner. Die Einstellung der Menschen wird durch die Verstädterung des Lebensstils geprägt sein. Ein grundsätzliches Interesse an „intakter Natur“ und dem Schutz von Arten, auch anspruchsvollen, wie Bär, Luchs oder Fischotter, bleibt bestehen. Schutzbestrebungen bringen örtlich Erfolge; sie können jedoch die großen Trends in der Landnutzung nicht umkehren. Andere Einstellungen wie jene von Bauern und Jägern, die von Großraubtieren eher betroffen sind, werden Einstellungen einer Minderheit bleiben. *(WS)*

Autoren

Prof. Dr. Wolfgang Schröder, Center for Life Sciences

Wolfgang Schröder ist Professor für Wildbiologie und Wildtiermanagement an der Technischen Universität München. Auf einem Bauernhof in der Steiermark aufgewachsen, studierte er Landwirtschaft, Ökologie und Management in Europa und den USA. Sein Interesse galt von jeher dem Hochgebirge. Er promovierte mit einer Freilandstudie über Gämsen. Heute arbeitet Wolfgang Schröder mit Studenten aus aller Welt an Systemen der Nachhaltigkeit; er engagiert sich im internationalen Naturschutz. Seine Leidenschaft gilt vor allem dem Norden Kanadas und dem Reiten. Wolfgang Schröder ist mit einer Südtirolerin verheiratet. Gemeinsam haben sie eine Tochter, einen Sohn und vier Enkelkinder.

Dr. Martin Merker, Publizist und Wildfotograf

Der promovierte Tierarzt arbeitete während 18 Jahren für verschiedene Entwicklungsprojekte in mehreren schwarzafrikanischen Ländern. Seit 1989 wohnt er im Oberengadin und ist als freischaffender Wildfotograf und Publizist tätig. Seine Arbeiten und Fotos erschienen in Fachpublikationen, Tageszeitungen, Büchern und Kalendern in Europa und Übersee. Er ist Autor eines Buches über den Rothirsch in der Schweiz und eines Bildbandes über das Wild in Graubünden.

Franco Perco Publizist

Nach dem Abschluss des Studiums der Rechtswissenschaften hat Franco Perco Naturwissenschaften studiert, um sich ganz seiner Passion, den Wildtieren zu widmen. Er ist als Berater für zahlreiche Schutzgebiete und öffentliche Einrichtungen tätig. Franco Perco zählt zu den kompetentesten Fachleuten im Bereich Wildmanagement und ist Autor verschiedener Publikationen zum Thema Schalenwild. Er ist Gründungsmitglied und Ehrenpräsident der AIGF (Italienische Gesellschaft für Wildhege).

PD Dr. Marco Giacometti, Geschäftsführer Jagdschweiz und Publizist

Priv.-Doz. Dr. Marco Giacometti lebt in Stampa (Schweiz). Er studierte Veterinärmedizin in Zürich, wo er mit einer Studie zur Bewirtschaftung der Steinbockpopulationen promovierte. Marco Giacometti habilitierte an der Universität Bern in Wildtiermedizin. Studien- und Arbeitsaufenthalte an den Universitäten Wien und Bern, zwischenzeitlich als Zootierarzt in Basel tätig. Derzeit ist er Geschäftsleiter von JagdSchweiz und Leiter der Firma Wildvet Projects, die sich mit Ausbildung, Beratung und Projekten über Wildtiere beschäftigt. Er ist Autor zahlreicher wissenschaftlicher Publikationen und Buchbeiträge und Koordinator des Projektes zur Erforschung der Gamsblindheit.

Oskar Niederfriniger Experte Vogelkunde

Zeitlebens galt das Interesse von Oskar Niederfriniger der Natur. Bald zeichnete sich ab, dass die Vogelkunde einen besonderen Schwerpunkt darstellt. Es folgten erste Veröffentlichungen in Tageszeitungen und lokalen Kulturzeitschriften. Aufgrund des großen Zuspruchs wurde im Jahre 1974 in Meran die „Arbeitsgemeinschaft für Vogelkunde und Vogelschutz – Südtirol" gegründet. Seit 1990 gilt sein Interesse auch der Fledermaus-Erforschung in Südtirol. In Zusammenarbeit mit dem Naturmuseum Südtirol wurde eine landesweite Erhebung durchgeführt und veröffentlicht.

Dr. Wolfgang Platter, Leiter des Nationalparks Stilfserjoch

Wolfgang Platter ist zur Zeit Leiter des Nationalparks Stilfserjoch. Er absolvierte eine naturwissenschaftliche Ausbildung an der Universität Innsbruck. Neben seiner Berufstätigkeit im Schuldienst hat er als Bürgermeister von Laas von 1985 bis 2003 kommunalpolitische Verantwortung übernommen und damit die Problematik im Spannungsfeld von Land- und Forstwirtschaft, Jagd und Nationalpark hautnah erlebt. Wolfgang Platter ist Autor zahlreicher Artikel für verschiedene Zeitschriften.

Dr. Paolo Molinari, Wildbiologe und Publizist

Seit 1986 ist Paolo Molinari als freiberuflicher Experte für Wildbiologie unter anderem für private Institutionen und öffentliche Ämter und Organisationen tätig. Er ist Präsident und Leiter des „Progetto Lince Italia", ein Forschungsprojekt über Großraubtiere und Schwerpunkt Luchs in Italien; er ist italienischer Referent der SCALP (Studies and Conservation of Alpine Lynx Population), einer internationalen Expertengruppe, die unter der Schirmherrschaft des Europarates (Berner Convention) handelt. Er ist auch Mitglied der IUCN (The World Conservation Union) csg – SSC Species Survival Commission. Autor zahlreicher wissenschaftlicher sowie populärwissenschaftlicher Publikationen.

Fotografie

Manfred Delpho

Manfred Delpho ist der GDT- Naturfotograf des Jahres 2002. Er belegte schon mehrfach erste Plätze bei internationalen Wettbewerben. Seine Bilder wurden prämiert bei BBC Wildlife London, Natures Best - USA, Glanzlichter Fürstenfeld, CIC Paris, Austrian Super Circuit, Festival der Naturfotografie Frankreich, Leica u.a. Die Begeisterung für die Natur und die Naturfotografie teilt Gisela Delpho mit ihrem Ehemann Manfred. Oft begleitet sie ihn auf seinen Streifzügen durch die heimische Natur und auf Reisen. In ihrer Freizeit verfasst sie die Texte zu den Fotos ihres Mannes. Delpos Bilder sind eine starke Botschaft vom „Wunder Natur".

Berndt Fischer

Berndt Fischer, geb. 1949, studierter Germanist, fotografiert seit mehr als 30 Jahren und kam als Autodidakt zur Fotografie. Sein hauptsächliches Metier ist die Tier- und Naturfotografie in seiner nordbayrischen Heimat, aber auch in ganz Europa, Afrika, Asien und Südamerika. Er arbeitet für internationale Bildagenturen und hat eine Reihe von Büchern und Kalendern, sowie Reportagen für verschiedene Fachzeitschriften veröffentlicht. Zahlreiche Auszeichnungen bei Fotowettbewerben: u.a. dreimal `Highly Commended´ bei BBC Wildlife Photographer of the Year, 2001, 1. Platz beim Fotowettbewerb „Ökologische Bausteine Europas" (Natur&Kosmos und Euronatur).

Andrea und Christian Heinrich

Die beiden Fotografen Andrea und Christian Heinrich arbeiten seit einigen Jahren mit Leidenschaft und Akribie an der Verfeinerung ihrer fotografischen Kompetenzen. Die Autodidakten beschäftigen sich hauptsächlich mit Tier- und Landschaftsfotografie. Es gelingt ihnen auf beeindruckende Art und Weise das Verhalten der Wildtiere in ausdrucksstarken Bildern festzuhalten.

Tanja Askani

1962 in der Tschechoslowakei geboren, lebt die Wolfsexpertin, Malerin und Autorin seit 1990 in Deutschland und arbeitet als Falknerin im Wildpark Lüneburger Heide. 1998 legte sie mit der Handaufzucht einer Polarwölfin den Grundstein für ihr erstes Wolfsrudel; inzwischen betreut sie im Wildpark Lüneburger Heide mehrere Wolfsrudel. Die emotionale Beziehung zu den Wildtieren ermöglicht ihr atemberaubende Fotoaufnahmen aus nächster Nähe.

Lucio Tolar

Lucio Tolar, in Gorizien geboren; widmet sich seit den frühen 90er Jahren der Naturfotografie mit besonderem Interesse für das Schalenwild. Er fotografiert hauptsächlich in den Julischen Alpen. Seine Bilder werden in zahlreichen Büchern, Zeitschriften, Kalendern und Publikationen zum Thema Natur veröffentlicht.

Bernd Liedtke

Bernd Liedtke lebt am Mittelrhein und beschäftigt sich seit mehr als 20 Jahren mit der Naturfotografie. Seit 1986 ist er Mitglied der Gesellschaft Deutscher Tierfotografen (GDT) und pflegt Kontakte zu Fotografen auf europäischer Ebene. Für seine beeindruckenden Bilder wurde er mit zahlreichen Preisen ausgezeichnet; unter anderem: „GDT-Naturfotograf des Jahres", „Europäischer Naturfotograf des Jahres" und „Glanzlichter".

Dominic und Barbara Müller

Die Faszination für Naturbilder fand ihren Ursprung auf der ersten Afrika-Reise von Dominic und Barbara Müller. Die Steinbock-Fotografie ist der Nährboden ihrer Ideen und Vorstellungen für die Bilder. Sie lassen sich in der Bergwelt szenenvoll umsetzen. Das Hauptinteresse der beiden liegt seit zehn Jahren bei der Wildtier-Fotografie im südlichen Afrika. Dorthin reist das Fotografenehepaar mit ihrer Tochter oftmals, stets auf der Suche nach dem perfekten Bild.

Horst Jegen

Der Chemieingenieur, Jahrgang 1970, kam über die Vogelbeobachtung und Naturschutzprojekte zur Fotografie, die er inzwischen sehr intensiv betreibt. Er fotografiert für verschiedene Zeitschriften und Bildagenturen. Sein Schwerpunkt sind Vögel und Säugetiere Mittel- und Nordeuropas. Genauso faszinierend findet er Insekten, Amphibien, Pflanzen und schöne Landschaften.

Markus Essler

Markus Essler stammt aus Bechhofen a. d. Heide - Mfr./Bayern, ist freiberuflicher Bildjournalist und seit 1992 Mitglied der Gesellschaft Deutscher Tierfotografen e. V. (GDT). Sein Bildarchiv umfasst großartige Landschafts-, Pflanzen- und Tieraufnahmen.

Hans-Wilhelm Grömping

Schon früh interessierte sich Hans-Wilhelm Grömping für die Natur. Seine Schwerpunkte sind vor allem die Ornithologie und die Botanik. Auch beruflich ist er als Naturpädagoge mit der Tier- und Pflanzenwelt beschäftigt. Er veröffentlichte zahlreiche Bild- und Textbeiträge in verschiedensten Zeitungen und Magazinen.

Benjamin Bachmair

Benjamin Bachmair ist ein 23 Jahre alter Hobbyfotograf, der seinen Schwerpunkt in der Naturfotografie gefunden hat. Seit 2 Jahren ist er Mitglied beim Österreichischen Verein für Tier- und Naturfotografie. Seine Fotos wurden bereits in mehreren Magazinen veröffentlicht.

Wolfgang Ertl

Wolfgang Ertl lebt in Innsbruck und widmet sich mit großer Hingabe der Fotografie. Seine fotografischen Schwerpunkte sind Natur- und Makroaufnahmen, Architektur und Langzeitbelichtungen. Er ist Mitglied beim Österreichischen Verein für Tier- und Naturfotografie.

Bildnachweis

Askani Tanja	6, 106 ul, 107, 128, 130, 170, 178, 181 u
Bachmair Benjamin	157, 175 ur, 209 om, 210
Barbone Marilyn, Shutterstock	181 om, 181 or
Bauer Robert	166
Benton David, Shutterstock	203 ol
Biemans Nick, Shutterstock	213 or
Broz Karel, Shutterstock	202 u, 203 om
Bujak Magdalena, Shutterstock	149 r, 151 or, 151 om
Chernyanskiy Vladimir, Shutterstock	101 ol
Delpho Manfred	146, 151 u, 180, 214, 216, 217, 218, 219
Dohnal David, Shutterstock	36, 108
Elemental Imaging, Shutterstock	211 u
Erl Reiner, Bildermehr	110 ul, 112
Ernst Stefan, Bildermehr	142 u, 143, 145 ul, 199
Ertl Wolfgang	94
Essler Markus	162
Fischer Berndt	104, 105, 120, 122, 123, 124, 125, 126, 158, 186 u, 202 o, 203 or
Gerken Lutz, Bildermehr	142 o, 144, 145 ur
Grömping Hans-Wilhelm	204, 205
Grudzinski Jaroslaw, Shutterstock	213 ol
Hakola Arto, Shutterstock	200
Heinrich Christian	74, 86, 87, 130, 131, 133 u, 134, 136, 137, 138, 139 u, 139 ol, 139 or, 148 u, 149 ol, 150
Jegen Horst	140, 186 o
Jklingebiel, Shutterstock	114 u
Kolbabek Roman, Shutterstock	203 u
Kratky Herbert	154, 160
Larsek, Shutterstock	211 ol, 211 om
Leighton, Shutterstock	212 o
Liedtke Bernd	88
Markus P. Stähli, Bildermehr	76, 195 o
Merker Martin	1, 26, 30, 38, 41, 44, 48, 49, 50, 51, 52, 54, 55, 56, 58, 59, 60, 62, 62, 63, 64, 65, 66, 67, 68, 69, 77, 78, 80, 81, 83, 84, 85, 90, 91, 92, 93, 96, 98, 99, 101 ur, 110 ol, 111, 155 o, 156, 164, 169 um, 169 ur, 172, 181 ol, 184, 187, 188, 190, 191, 194, 195 u, 197, 206 u, 207, 208, 209 or, 209 u
Mitchell Dean, Shutterstock	82
Müller Dominic	8, 42, 46, 47, 57
Naundorf Hans Peter, Shutterstock	213 om
Nelson Jim, Shutterstock	209 ol
Nerger Erhard, Bildermehr	33, 102
Nialat, Shutterstock	148 o, 115, 148 o
Parson Dave, iStockphoto	133 o
Raff Joachim / Bildermehr	198
Reid Norman, Shutterstock	211 or
Reineck Styve, Shutterstock	114 o
Rossen Gerd	2
Schiersmann Jürgen, Bildermehr	89, 149 ul
Shibnev Yury / Bildermehr	196 u
Stas Volik, Shutterstock	168
Swanepoel Johan, Shutterstock	212 u, 213 u
Tappeiner	4, 10, 16, 18, 19, 20, 22, 27 o, 28, 32, 40, 116, 118, 174, 206 o
Tolar Lucio	13, 15, 53, 70, 71, 100, 101 ul, 106 ol, 152, 155 u, 220
Volik Stas, Shutterstock	168
von Düren Alexander, Bildermehr	139 om
Walz Uwe, Bildermehr	182
Wey Peter	174 o
Z. Andy, Shutterstock	169 ul

Freundlicherweise zur Verfügung gestellt vom Nationalpark Stilfserjoch aus dem Fotowettbewerb 2007 mit der Firma Swarowski-Optik Italien

Andreola Marco, Valfurva, SO	24
Bögel Ralf, Stilfs, BZ	175 ol
Bormolini Nicola, Bormio, SO	192
Martegani Vincenzo, Morbegno, SO	196 o
Trabucchi Eusebio, Valdidentro, SO	176

Legende

o = oben, ol = oben links
om = oben Mitte, or = oben rechts,
u = unten, ul = unten links
um = unten Mitte, ur = unten rechts

Foto Ingeborg Lanthaler und Johann Waldner, Seite 5, Peter Prünster. Eingekleidet von Mary Schaffler, ALPINE Lifestyle, Meran. Vielen Dank!